학생용
교사학부모용

훈민정음 규칙 과학 **소릿값 발음규칙** 발견 중심 ▶ **창의융합판**

세종규칙 한글

모든 한글 책에서 **겹받침**까지 한글 배움에
방해되는 이론 3가지 오류를 찾아 완전 제거하고 개발

| 고침보탬 | 첫소리(+가운뎃소리) 소릿값 2가지 발음규칙 |

ㄱ + ㅏ → 약하게 그아 = 가
하늘 하나 ●는 발음 시작 바탕을 ㅡ로 연이어 빨리 발음하기

ㄱ + ㅑ → 약하게 기야 = 갸
하늘 둘 ●●은 발음 시작 바탕을 ㅣ로 연이어 빨리 발음하기

개발자 : **장 덕 진**

유초등, 다문화, 어른, 외국인 등
누구나 인터넷 멀티 PPTx
(파워포인트) 웹자료

http://hangeulstudy.com

도서출판 **동아기획**

한글 박사 따기 단계
□는 소릿값 발음규칙

참 잘 찾았어요

○○하면 하나씩 지우고 ✕ 계단을 올라가세요.

한글박사

- 겹받침 짧은 문장 읽고 쓰기
- 말뜻 도우미 (조사) 쓰임
- 두 글자 음운규칙

7단계
- 겹받침 소릿값 발음규칙 거센 놈하고 안 놀아요
- 겹받침 소릿값 발음규칙 역발음 동생 먼저
- 겹받침 소릿값 발음규칙 순발음 형님 먼저
- 홑받침 쌍받침 소릿값 발음규칙 대표음하고 놀아요

정리과정

6단계
- 겹홀소리 짧은 문장 읽고 쓰기

5단계
- 받침 없는 글자 짧은 문장 읽고 쓰기
- 겹홀소리 만들기와 소릿값 발음규칙

깨침과정

- 한글 받침 없는 글자 만든 원리
- 1음절 첫소리 (+가운뎃소리) 2가지 발음규칙

4단계
- 닿소리 이름 ≠ 발음 읽고 쓰기
- 닿소리 순서규칙, 특성

3단계
- 닿소리 개념(뜻) 특징
- 홀소리 이름=발음 읽고 쓰기
- 홀소리 개념(뜻) 특징

준비과정

2단계
- 소릿값 개념(뜻) 특징
- 홀소리 10자 닿소리 14자 만든 원리

1단계
- '우리글 노래'로 시작

출발~

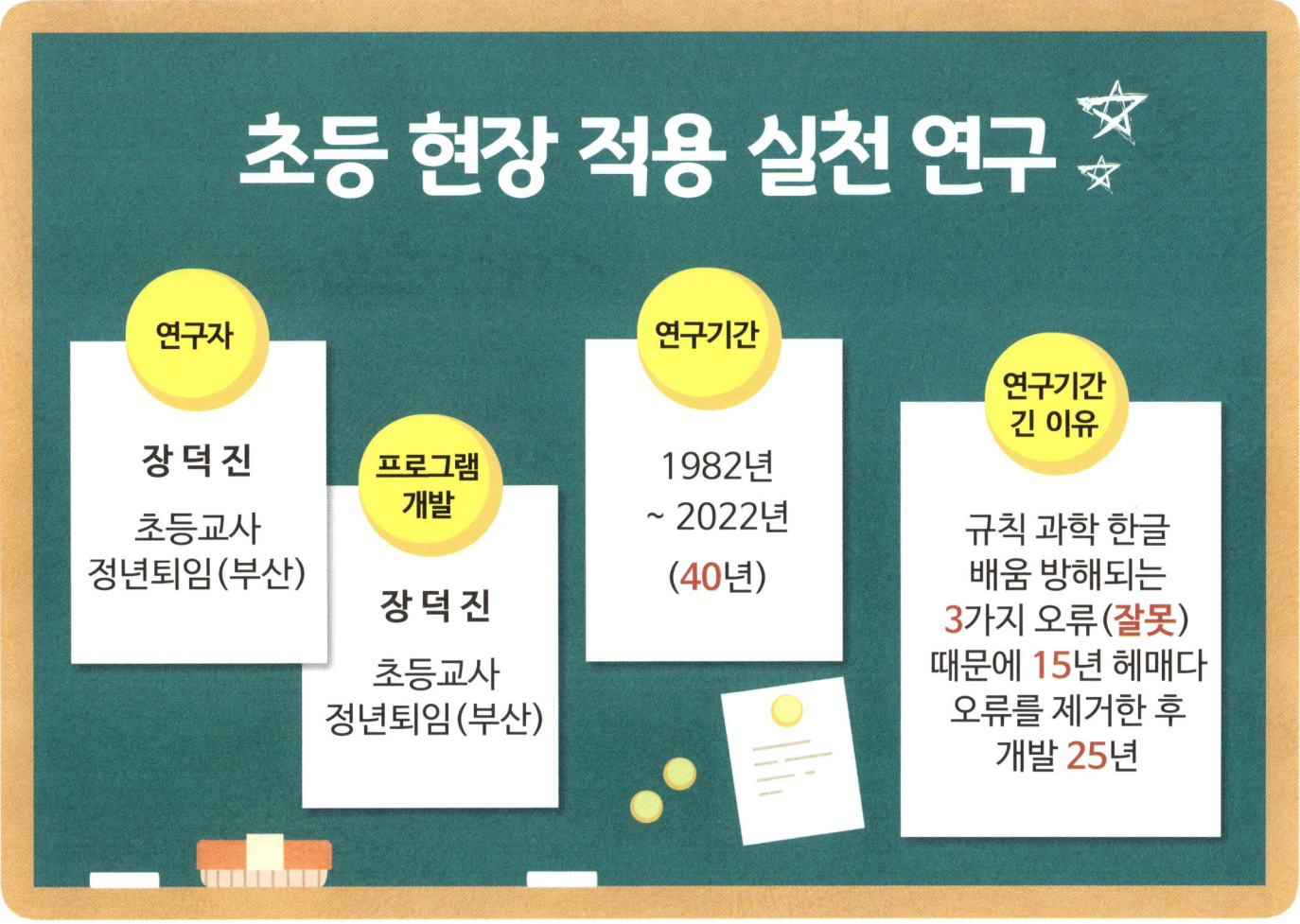

- **모든 한글 책에서 방해되는 이론 3가지 오류(잘못) 찾아 제거하고 개발**

  한글 배움 방해 이론 3가지는, ①소릿값을 잘 드러나게 한다는 이유로 닿소리를 그느드~로 발음하는 오류, ②소릿값, 닿소리 홀소리의 개념과 특징이 명확하지 못해 발생한 첫소리 'ㅇ' 소릿값이 없다는 오류, ③둥근 하늘 모양을 본떠 만든 아래아(·)는 획이 아닌데, 홀소리 기본 3자(· ― ㅣ)로 획을 더해 홀소리를 만든다는 오류

- **한글 배움에 방해되는 이론 3가지 오류를 찾아 제거한 결과**

  ① 예외 없이 첫소리(+가운뎃소리) 소릿값 2가지 발음규칙이 100% 적용
  ② 일관성 있게 헷갈리지 않고, 규칙 하나 배우면 100개를 알게 됨
  ③ 닿소리 순서규칙과 특성이 끝소리 받침 발음규칙에도 100% 적용
  ④ 외우거나 받아쓰기할 필요 없이 쉽고 재밌게 배울 수 있음
  ⑤ 창의 융합 분석적 사고력과 이해 능력을 키울 수 있음
  　규칙 과학 소릿값 발음규칙 발견은 단순명료하다.

학교생활 시작을 규칙 과학 한글 배움으로

훈민정음 해례본에서 정인지는 "슬기로운 사람은 하루아침을 마치기도 전에 슬기롭지 못한 이라도 열흘 안에 한글을 배울 수 있다"고 했습니다. 참이라면 한글 해득 부진이 왜 63%(초등4)나 될까? 왜 책 읽기를 싫어할까? 읽기 자신감이 없는 것은 아닐까요? 생각하는 힘, 사고력과 이해력은 왜 부족할까? 학습 격차는 왜? 어려운 겹받침은 왜 초등2(2017 적용)에서 배우나? 1학년은 겹받침을 몰라도 된다는 말인가요?

한글은 과학이라고 했습니다. 한글을 훈민정음 규칙 과학 이론으로 배우고 있는가요? 아니다. 초등 1~2학년 국어 교과서와 시중 한글 책을 보시라. 한글 창제 원리에 따라 만들었다면서 훈민정음 이론이 있습니까? 확인해 보시라 없다. 한글 창제 원리 시늉만 있을 뿐이다. 여기에 일어 가나 낱말식 통글자와 영어 문장식을 혼용한 이론뿐이다. 외워서 배우는 일어 낱말식 통글자 방법이 거의 대부분이고, 외국인을 위한 한국어는 문장을 내놓고 문법으로 배우는 책이 모두다. 신토불이 순수한 훈민정음 이론으로 개발한 한글, 한국어 책은 찾아볼 수 없다. 한글 배움과 훈민정음은 불편한 동거를 하고 있을 뿐 도움은 안 된다. 훈민정음은 학자들이 자랑만 하고 노는 노리개인가? 알기 쉬운 훈민정음 규칙 과학 한글 배움 책은 보이지 않습니다.

1. 그래서 방해꾼 3가지 오류를 찾아 제거하고 규칙 과학 훈민정음 가치를 실현하려고 합니다.

한글 배움 방해 이론 3가지는, ①소릿값을 잘 드러나게 한다는 이유로 닿소리를 그느드~로 발음하는 오류, ②소릿값, 닿소리 홀소리의 개념과 특징이 명확하지 못해 발생한 첫소리 'ㅇ' 소릿값이 없다는 오류, ③둥근 하늘 모양을 본떠 만든 아래아(ㆍ)는 획이 아닌데, 홀소리 기본 3자(ㆍㅡㅣ)로 획을 더해 홀소리를 만든다는 오류입니다.

2. 훈민정음 최고 가치를 실현하기 위해 개발한 한글 책은 규칙 과학 '세종규칙 한글' 입니다.

초등교육 현장에서 받침 없는 글자부터 겹받침까지 예외 없이 소릿값 발음규칙을 일관성 있게 100% 적용하여 헷갈림 없이 규칙 하나 배우면 100개를 알게 되었습니다. 교과학력 평균 9.25점, 특히 수학이 16.35점 두 배 이상 올라 창의 융합 분석적 사고력과 이해 능력이 풍부해졌음을 입증하였습니다. 서로 묻고 답하는 이야기 토론식으로 재밌게 배운 결과입니다. 학교생활 시작을 규칙 과학 한글 배움으로, 기대해도 좋습니다.

개발자 장 덕 진

훈민정음 규칙 과학 한글 이론 요약과 한글 배움 방식

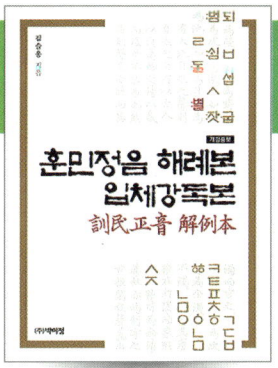

1. 첫소리, 가운뎃소리, 끝소리 소릿값 발음규칙 발견 훈민정음 이론

1) 규칙과 체계를 갖춘 과학 한글 이론 (이하 규칙 과학)

훈민정음 해례본 내용 중에서

6 한글을 왜 과학이 담긴 글자라고 하나요?

"김슬옹(2017). ≪한글혁명≫. 살림터. 26쪽"

① 한글은 자연의 소리를 발음하는 원리와 철학을 바탕으로 만든 과학적인 글자입니다.
② 수학처럼 규칙이 있고 정확하며, 바둑판처럼 체계를 갖춘 것을 과학이라 합니다.
　과학은 누구에게나 언제 어디서나 합리적이어서 객관적이고 보편적이며 실용적인데 한글이 바로 이런 특성을 갖고 있습니다.

2) 첫소리, 가운뎃소리, 끝소리 소릿값 발음규칙 발견

① 모든 글자 발음 중심(핵심)은 가운뎃소리이며

② 가운뎃소리는 첫소리를 받아서 끝소리 받침을 완성하여 알아들을 수 있는 글자가 되도록 이끌어 주는 역할을 합니다.

훈민정음 해례본 내용 중에서

[제106]　中聲承初之生, 接終之成, 人之事也. [정음해례8ㄴ:2-3_제지해]
[제현106]　중성은 초성이 생성된 것을 받아서 종성이 완성되도록 이어주니 사람의 일이다.
　　　　　"김슬옹(2018). ≪훈민정음 해례본 입체강독본≫. (주)박이정. 178. 220쪽"　　성음 = 발음

[제107]　蓋字韻之要, 在於中聲, 初終合而成音. [정음해례8ㄴ:3-6_제지해]
[제현107]　대개 글자 소리의 핵심은 중성에 있으니, 초성과 종성과 합하여 음절을 이룬다.

③ 가운뎃소리에 있는 하늘(·)은 정확하게 발음할 수 있도록 발음 시작 바탕을 조정해 주는 역할을 합니다.

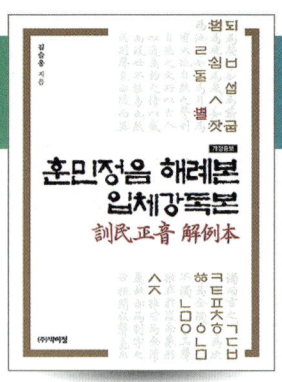

3) 첫소리(+가운뎃소리) 소릿값 2가지 발음규칙 발견은 하늘을 중심으로 찾습니다.

① 모든 글자 발음 중심은 홀소리(가운뎃소리)에 있습니다. 하늘과 땅이 맞닿은
낮은 하늘을 말하는 하늘(•) 하나(ㅏ ㅓ ㅗ~)일 때 발음 시작 바탕은 ㅡ(땅)입니다.

② 모든 글자 발음 중심은 홀소리(가운뎃소리)에 있습니다. 사람 위에 높은
하늘을 말하는 하늘(••) 둘(ㅑ ㅕ ㅛ~) 일 때 발음 시작 바탕은 ㅣ(사람)입니다.

훈민정음 해례본 내용 중에서

[제헌78] 그러므로 천지인 삼재가 만물의 우선이 되고 하늘이 천지인 삼재의 (시작)이 되는 것과 같이
"김슬옹(2018). ≪훈민정음 해례본 입체강독본≫. (주)박이정. 217쪽"
(• ㅡ ㅣ) 석 자가 여덟 소리의 우두머리가 되고 또한 (•) 자가 석 자의 (으뜸)이 됨과 같다.

---

③ 발음 시작은 하늘이 조정합니다. 그래서 하늘 하나일 때와 둘일 때 발음 시작은 2가지며
발음이 아주 정확합니다.
④ 가운뎃소리는 27개 받침 끝소리를 닿소리 순서규칙과 특성에 맞게 맑고 고운소리 7개(7종성)로
간단히 조정합니다.

2. 한글 배움 방식

1) **한글 배움 방식** (깨침 열쇠) → (첫·가운데·끝소리)**소릿값 발음규칙 발견**
2) **소릿값 발음규칙 이해** → 한글살이와 사람살이가 비슷한 점을 활용해 소릿값 발음규칙을 사람 사는 생활
   ①9쪽, ②35쪽, ③73쪽 참고 이야기로 쉽고 재미있게 서로 이야기 주고받으며 토론하면서 이해
   ①**준비단계 (원리, 개념)** → 한글 만든 원리 '우리글 노래'를 부르고, 서로 이야기 주고받으며 이해
   ②**깨침단계 (1음절)** → 원리 개념 소릿값 발음규칙을 묻고 답하는 이야기 토론으로 발견
   ③**정리단계 (2음절)** → 먼저 서로 주고받으며 2음절 두 글자에 1음절 소릿값 발음규칙을 확인해 놓고 적
   용하면서 음운규칙을 서로 묻고 답하며 발견
3) **권고 주의** → ①규칙 연결 때문에 수준은 완전 무시하고 처음부터 배워야
   ②책과 움직이는 영상을 보고 듣는 멀티 PPTx(파워포인트) 웹자료와 함께하면 좋아요.
   ③모르는 부분만 골라 배우는 맞춤형은 안 좋아요.

- 한글 박사 따기 단계 – 소릿값 발음규칙 참 잘 찾았어요. ·········· 2
- 머리말 – 학교생활 시작을 규칙 과학 한글 배움으로 ············· 4
- 훈민정음 규칙 과학 한글 이론 요약과 한글 배움 방식 ············ 5

| 준비과정 | 9 |

1단계 홀소리 닿소리 만든 원리   10

1-1 홀소리 10자 만든 원리 ············ 11
① 홀소리 기본 3(ㆍ ㅡ ㅣ))자 만들기와 노래 ············ 11
② 기본 3자로 ㅏㅑㅓㅕ 만들기와 노래 ·················· 12
③ 기본 3자로 ㅗㅛㅜㅠ 만들기와 노래 ·················· 13
④ 기본 3(ㆍ ㅡ ㅣ)자 노래 부르기 ······················ 14

1-2 닿소리 14자 만든 원리 ············ 14
① 닿소리 기본 5(ㄱㄴㅁㅅㅇ)자 만들기와 노래 ············ 14
② 기본 5자(ㄱㄴㅁㅅㅇ)로 닿소리 9자 만들기 ············ 16

2단계 소릿값, 홀소리 개념과 특징   18

2-1 소릿값 홀소리 개념과 특징 ············ 19
① 쉽고 명확한 소릿값 홀소리의 개념(뜻) 풀이 ············ 19

2-2 이름 = 발음 서로 같은 홀소리 ············ 20
① 발음하며 쓰기 아야어여 ·················· 20
② 발음하며 쓰기 오요우유 ·················· 21
③ 발음하며 쓰기 으이 ······················ 22
④ 홀소리 순서규칙과 이름 읽고 쓰기 ·········· 23
⑤ '우리글 노래' 1,2,3절 부르기 ·············· 24

3단계 소릿값 닿소리 개념과 특징   26

3-1 소릿값 닿소리 개념과 특징 ············ 27
① 쉽고 명확한 소릿값 닿소리의 개념(뜻) 풀이 ············ 27

3-2 닿소리 순서규칙과 특성 ············ 28
① 닿소리 순서규칙과 특성 4개 활용 ·········· 28

3-3 이름만 있고 발음 없는 닿소리 ············ 29
① 어금닛소리 이름 읽고 쓰기 ㄱ ㅋ ············ 29
② 혓소리 이름 읽고 쓰기 ㄴㄷㄹ ㅌ ············ 30
③ 입술소리 이름 읽고 쓰기 ㅁㅂ ㅍ ············ 31
④ 잇소리 이름 읽고 쓰기 ㅅㅈ ㅊ ············ 32
⑤ 목구멍소리 이름 읽고 쓰기 ㅇ ㅎ ············ 33
⑥ 닿소리 이름 규칙과 이름 읽고 쓰기 ·········· 34

차례

| 깨침과정 | 35 |

4단계 한글 만드는 원리   36
4-1 첫소리 소릿값 2가지 발음규칙 ········· 37
  ① 하늘 **하나**일 때 **ㅡ**로 발음 시작 ············· 37
  ② 하늘 **둘**일 때 **ㅣ**로 발음 시작 ············· 38
  ③ 하늘 **없을** 땐 **기본 ㅡㅣㅗ**로 발음 시작 ········ 39
4-2 받침 없는 글자 만드는 원리 ············ 40
  ① 닿소리로 된 첫소리 소릿값 2가지 발음규칙 ㄱ~ㅎ ···· 40
  ② 된소리로 된 첫소리 소릿값 2가지 발음규칙 ㄲ~ㅉ ···· 54
  ③ 받침 없는 문장 읽고 쓰기 ················ 59

5단계 겹홀소리   61
5-1 겹홀소리 소릿값 발음규칙 ············ 62
  ① 겹홀소리 만들기와 발음하며 쓰기 ············ 62
  ② 겹홀소리 '의'자 **3가지로** 발음하며 쓰기 ········ 64
  ③ 본말과 준말 만들기와 읽고 쓰기 ············ 65
  ④ 겹홀소리 문장 읽고 쓰기 ················ 66

6단계 홑받침 쌍받침 겹받침   68
6-1 끝소리 받침 소릿값 발음규칙 ··········· 69
  ① 홑받침 쌍받침은 **대표음하고 놀아요** ·········· 69
  ② 겹받침 닿소리 순서 순발음 **형님 먼저** ········· 70
  ③ 겹받침 닿소리 순서 역발음 **동생 먼저** ········· 71
  ④ 거센소리 겹받침 **거센 놈하고 안 놀아요** ······· 72

| 정리과정 | 73 |

7단계 두 글자 발음규칙(음운규칙)   74
7-1 두 글자 발음규칙 ················ 75
  ① 소리이음(연음) 쓰고↔읽기 ··············· 75
  ② 된소리되기(경음화) 쓰고↔읽기 ············· 77
  ③ 콧소리되기(비음화) 쓰고↔읽기 ············· 79
  ④ 혀옆소리되기(ㄴ→ㄹ닮음) 쓰고↔읽기 ·········· 81
  ⑤ 거센소리되기(격음화) 쓰고↔읽기 ············ 82
  ⑥ 입천장소리되기(구개음화) 쓰고↔읽기 ·········· 83
  ⑦ 도우미 을/를 이/가 은/는 와/과 사용 방법 ······· 85
  ⑧ 겹받침 문장 읽고 쓰기 ················ 86
♠ 꿈꾸는 단풍잎 ····················· 88

준비과정

① 1단계 ② 2단계 ③ 3단계

교사, 학부모용

한글은 과학입니다. 수학처럼 규칙과 체계를 갖춘 과학입니다. 훈민정음 규칙 과학 닿소리 홀소리를 만든 원리 그리고 소릿값 닿소리 홀소리의 개념은, 창의 융합 분석적 사고력과 이해 능력을 키울 수 있는 중요한 뿌리가 됩니다.

준비과정은 한글을 쉽고 정확하게 배우면서 나아가 사고력과 이해 능력을 키워주기 위해 유치원생도 이해할 수 있도록 개념을 쉽고 명확하게 풀어 주고, 한글 만든 원리 '우리글 노래'를 부르면서 서로 이야기를 주고받으며 원리를 이해하도록 하는 것이 좋습니다.

1 단계

2 3 4 5 6 7

홀소리 닿소리 만든 원리

홀소리 기본 3글자

① 하늘 → 아래아(•),
　아래아(•)는 없어지고 하늘로만 남아 있음
② 땅 → ㅡ(으), ③ 사람 → ㅣ(이)

홀소리 닿소리 만든 원리

[우리글 노래 → http://hangeulstudy.com/hwp3/gu1.htm]

①-1 홀소리 10자 만든 원리

① 홀소리 기본 3글자(· ㅡ ㅣ) 만들기와 노래

하 늘 땅 사 람 모 양   본 떠 만 드 니

- 둥근 하늘 모양 본떠 · (아래아)를 만들었으나, 아래아는 없어지고 하늘로만 남아 있음

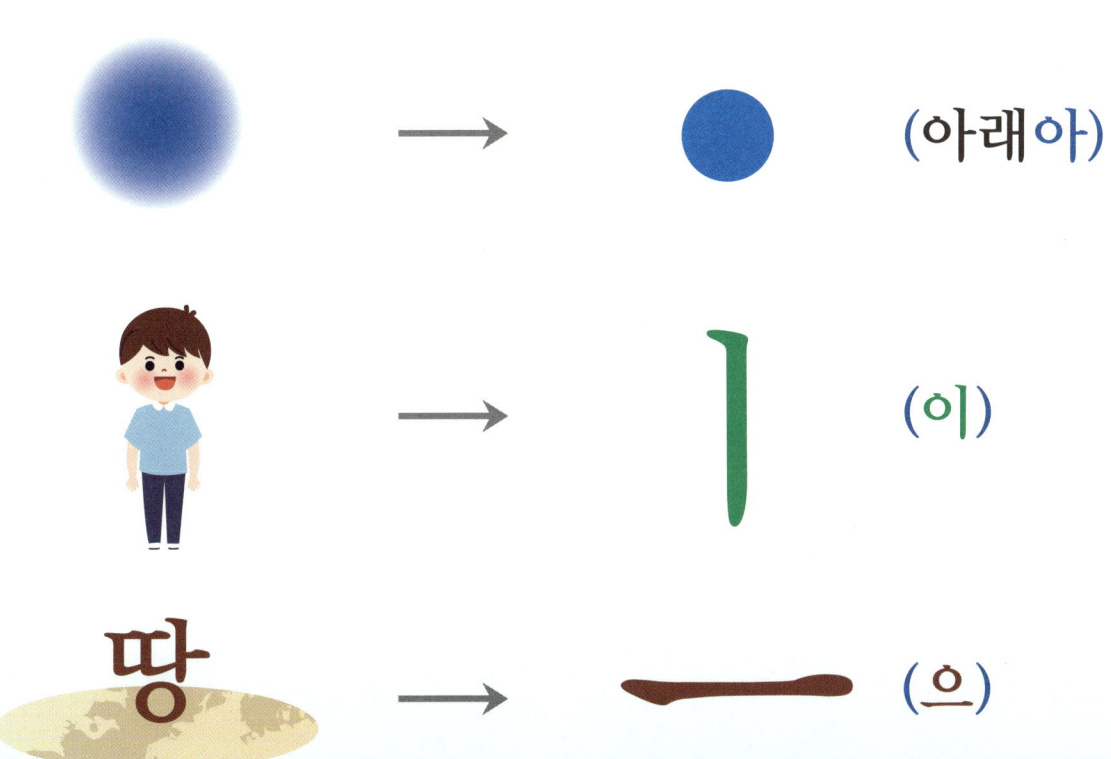

1-1 홀소리 10자 만든 원리

② 기본 3글자(·ㅡㅣ)로 ㅏㅑㅓㅕ 만들기와 노래

하늘은 사람좋아 아야 – 어여

● (하늘) + 🧒(사람) = 🧒

🌸 하늘(·)과 사람(ㅣ)을 결합하여 ㅏㅑㅓㅕ 만듦

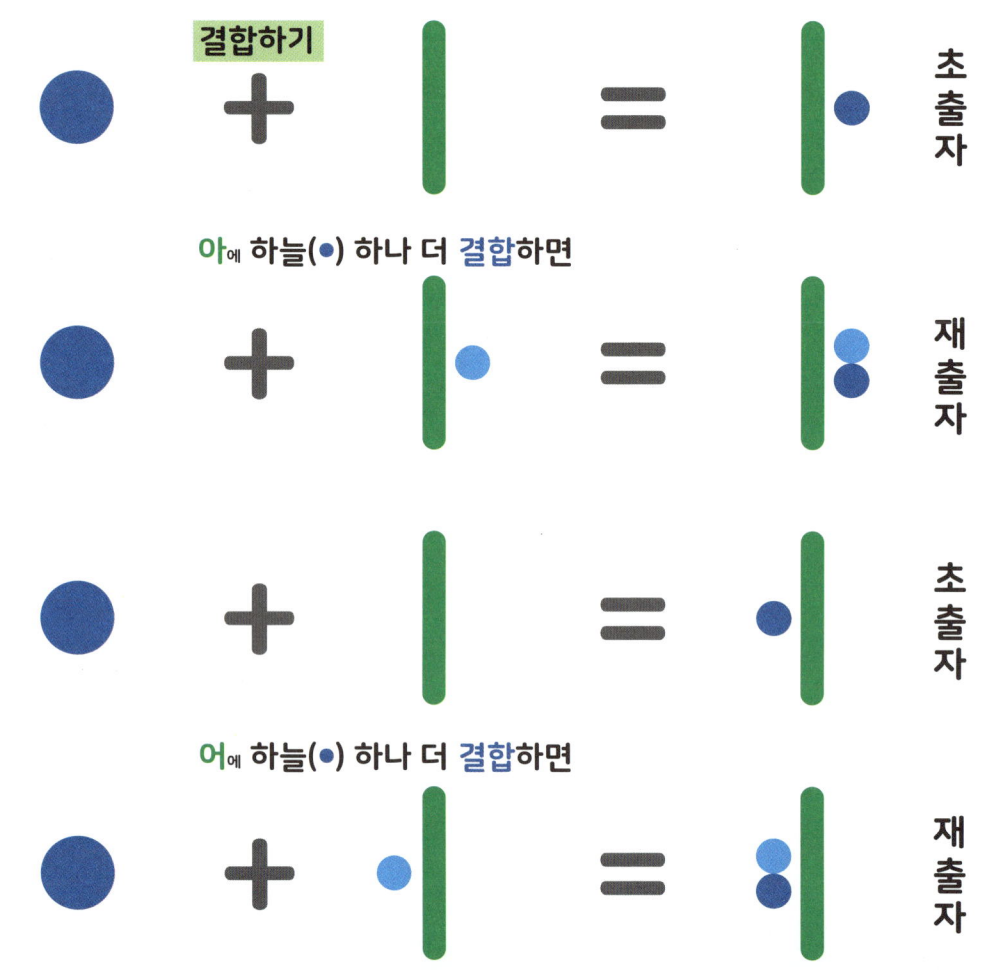

홀소리 기본 3자(·ㅡㅣ)로 획을 더해 홀소리를 만든다는 오류(잘못) ㅣ+ㅏ→ㅑ(×)

1-1 홀소리 10자 만든 원리   ③기본 3글자(· ― ㅣ)로 ㅗ ㅛ ㅜ ㅠ 만들기와 노래

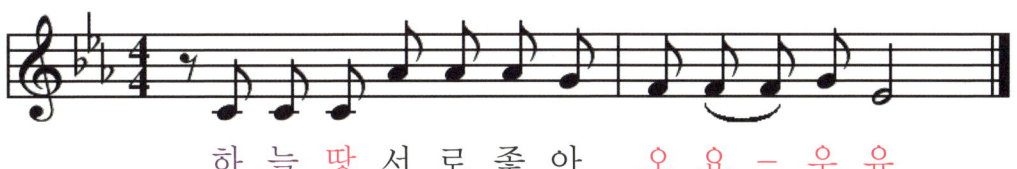

하늘땅서로좋아 오 요 ― 우 유

(하늘) + 땅 = ㅗ

🌸 하늘(·)과 땅(―)을 결합하여 ㅗ ㅛ ㅜ ㅠ 만듦

결합하기

초출자

오에 하늘(•) 하나 더 결합하면

재출자

초출자

우에 하늘(•) 하나 더 결합하면

재출자

홀소리 기본 3자(· ― ㅣ)로 획을 더해 홀소리를 만든다는 오류(잘못) ㅣ+ㅗ→ㅛ(✕)

①-1 홀소리 10자 만든 원리 ④기본 3글자(·ㅡㅣ)노래 부르기

으 ― 는 평 ― 평한 땅 모양이고   이 ― 는 서 ― 있는 사람 이래요

①-2 닿소리 14자 만든 원리 ①닿소리 기본 5자(ㄱㄴㅁㅅㅇ) 만들기와 노래

기역은 입천장에 부딪―히고

① 입천장소리(어금닛소리) → ㄱ 은 ㄱ처럼 혀뿌리가 입천장 쪽 **목구멍을 막는 모양을** 본떠 만듦

니은은 혀를 타고 사뿐―올라

② 혓소리 → ㄴ 은 혀끝이 윗잇몸에 붙는 모양을 본떠 만듦

①-2

③ 입술소리 → ㅁ 은 입술 모양을 본떠 만듦

④ 잇소리 → ㅅ 은 이의 모양을 본떠 만듦

⑤ 목구멍소리 → ㅇ 은 목구멍 모양을 본떠 만듦

1-2 닿소리 14자 만든 원리 ②닿소리 기본 5자(ㄱㄴㅁㅅㅇ)로 닿소리 9자 만들기

- 닿소리 기본 5자에 획을 더하여 9자를 만듦 (가획 원리)

- 획(ㅡ 또는 ㅣ)을 더해 가면 거센소리가 됨 (거센 놈하고 안 놀아요)

입천장소리 (어금닛소리)

혓소리

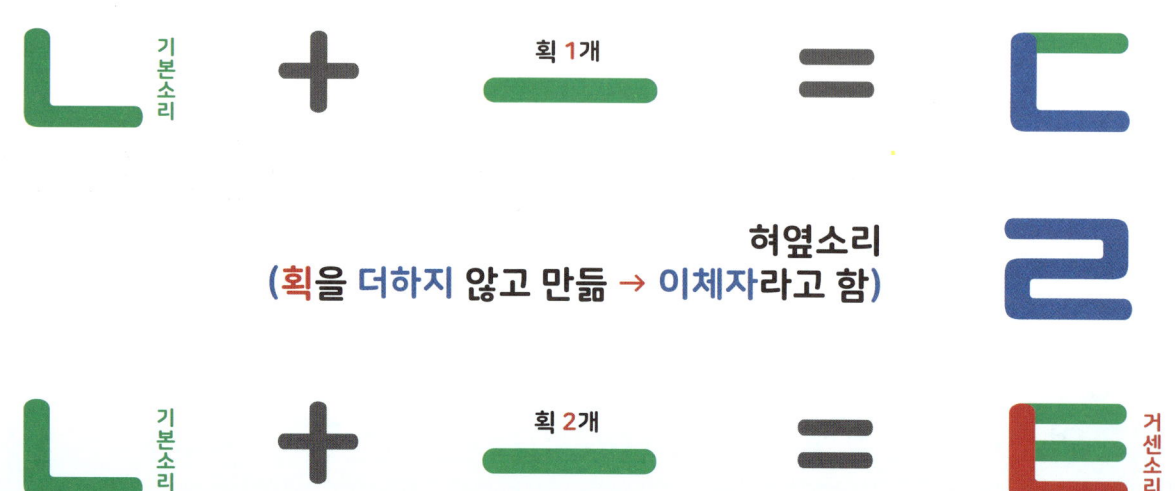

혀옆소리
(획을 더하지 않고 만듦 → 이체자라고 함)

1-2

입술소리

잇소리

목구멍소리

2단계

① ② ③ ④ ⑤ ⑥ ⑦

소릿값 홀소리 특징

개념

홀소리는

이름(ㅏ 소릿값) = 발음(아 소릿값)
ㅏㅑㅓㅕ~ = 아야어여~
'ㅇ'이 있으나 없으나 왜 발음이 같을까?

2-1 소릿값 홀소리 개념과 특징 ① 쉽고 명확한 소릿값 홀소리의 개념(뜻) 풀이

① 소릿값 → (소리+값) → 소리(값=알아들을 수 있는)
→ 알아들을 수 있는 소리   개발자가 개념(뜻)을 쉽고 명확하게 풀어 처음 사용

② 홀소리 → 도움 없이 홀로도 알아들을 수 있게 나는 소리
특징 → 이름(ㅏ) = 소릿값(아) (알아들을 수 있는 값이 같음)
개발자가 개념(뜻)을 쉽고 명확하게 풀어 처음 사용

홀소리 특징의 비밀

ㅏㅑㅓㅕ~ (이름) = 아야어여~ (발음)
이름과 발음이 똑같으므로
'ㅇ' 있으면 ①'ㅇ아, ㅇ억'과, ②'ㅇ야, ㅇ욕'처럼
'ㅇ' 소릿값 살려 정확한 발음 시작 (4~5단계 참고)
'ㅇ' 없으면 ①'ㄱ+ㅏ=가'처럼 닿소리와 글자
만들고 ②'국어 → ㅓ로 바꿔→구거'처럼
소리이음(연음)도 쉽게 이해

둥근 하늘 모양을 획으로 착각하는 이유 →

하늘이 획으로 변한 과정 =

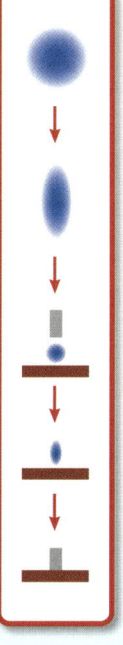

2-2 이름 = 발음 서로 같은 홀소리

① 발음하며 읽고 쓰기 **아야어여**

✿ 노래 부르며 읽고 쓰기

하 늘 은 사 람 좋 아 아 야 - 어 여

(하늘) + 결합하기 (사람) =

✿ 특징 : ㅏ ㅑ ㅓ ㅕ (이름) = (발음) 아야어여, 이름과 발음이 똑같아요

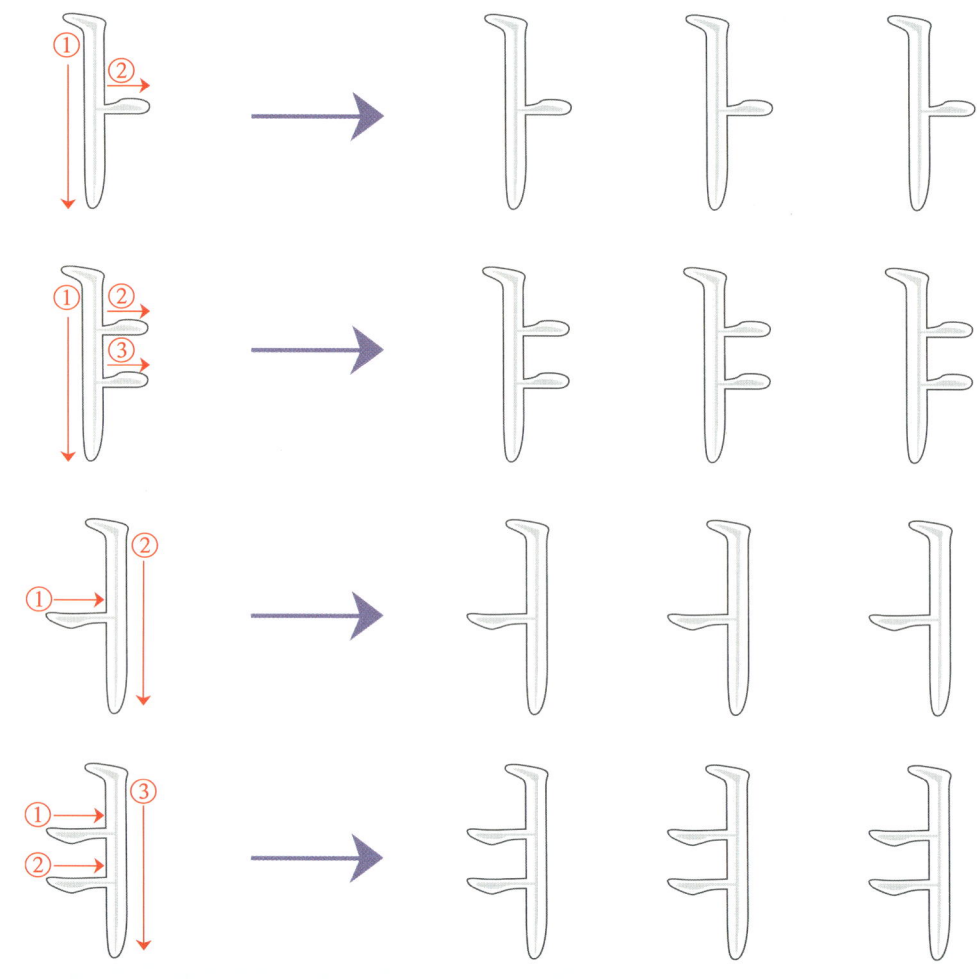

'ㅇ' 없어도 (ㅏ ㅑ ㅓ ㅕ) 아야어여, 'ㅇ' 있어도 (**아야어여**) 아야어여 똑같이 발음할 수 있어요

2-2
이름 = 발음 서로 같은 홀소리

② 발음하며 읽고 쓰기 <u>오요우유</u>

🌸 노래 부르며 읽고 쓰기

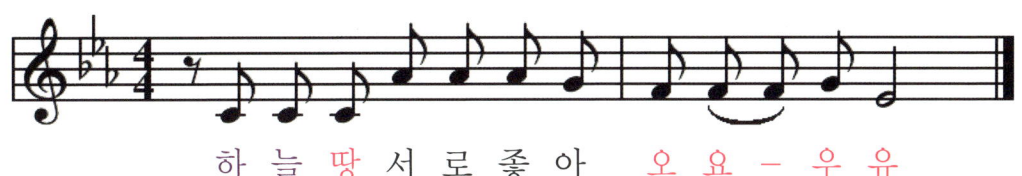

하 늘 땅 서 로 좋 아   오 요 - 우 유

🌸 특징 : ㅗㅛㅜㅠ (이름) = (발음) 오요우유, 이름과 발음이 똑같아요

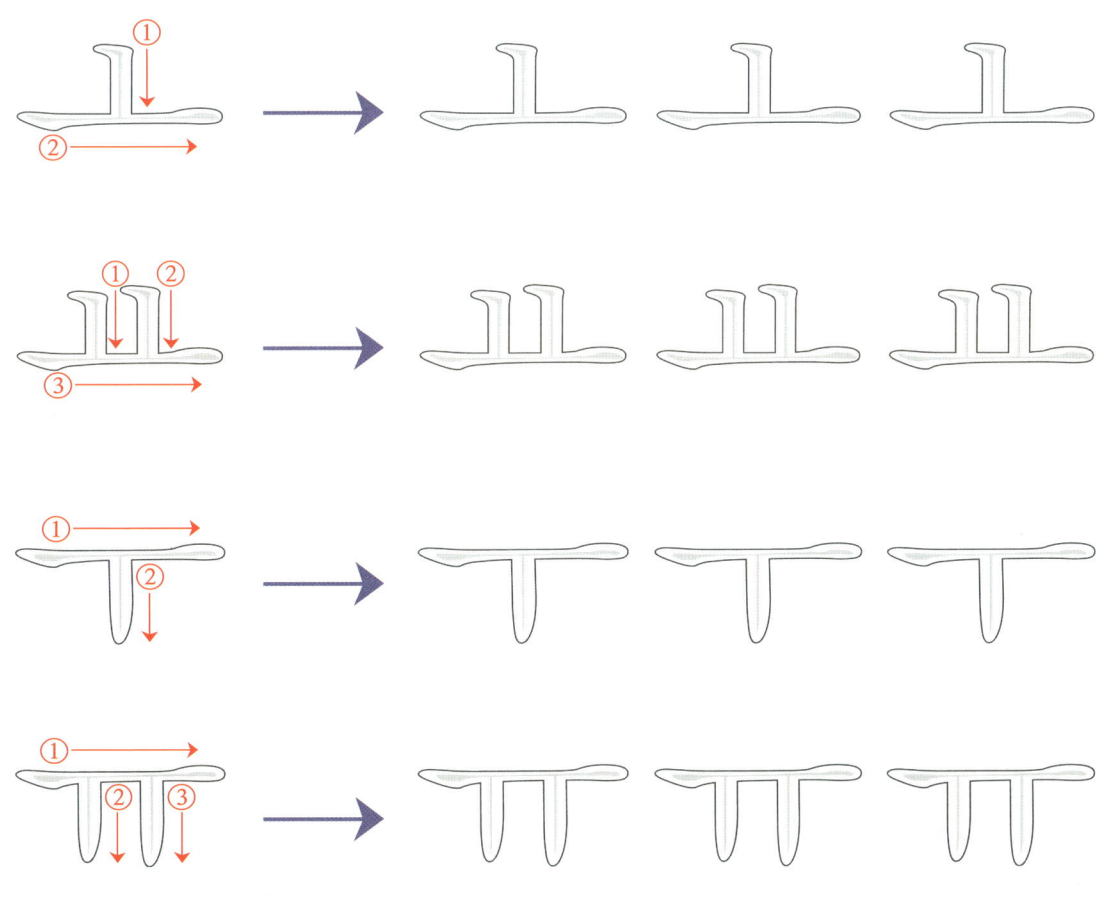

'ㅇ' 없어도 (ㅗㅛㅜㅠ) 오요우유, 'ㅇ' 있어도 (**오요우유**) <u>오요우유</u> 똑같이 발음할 수 있어요

2-2 이름 = 발음 서로 같은 홀소리

③ 발음하며 읽고 쓰기 으 이

❁ 노래 부르며 읽고 쓰기

으 – 는 평 – 평한 땅모양이고   이 – 는 서 – 있는 사람이래요

❁ 특징 : ㅡ ㅣ (이름) = (발음) **으이** 이름과 발음이 똑같아요

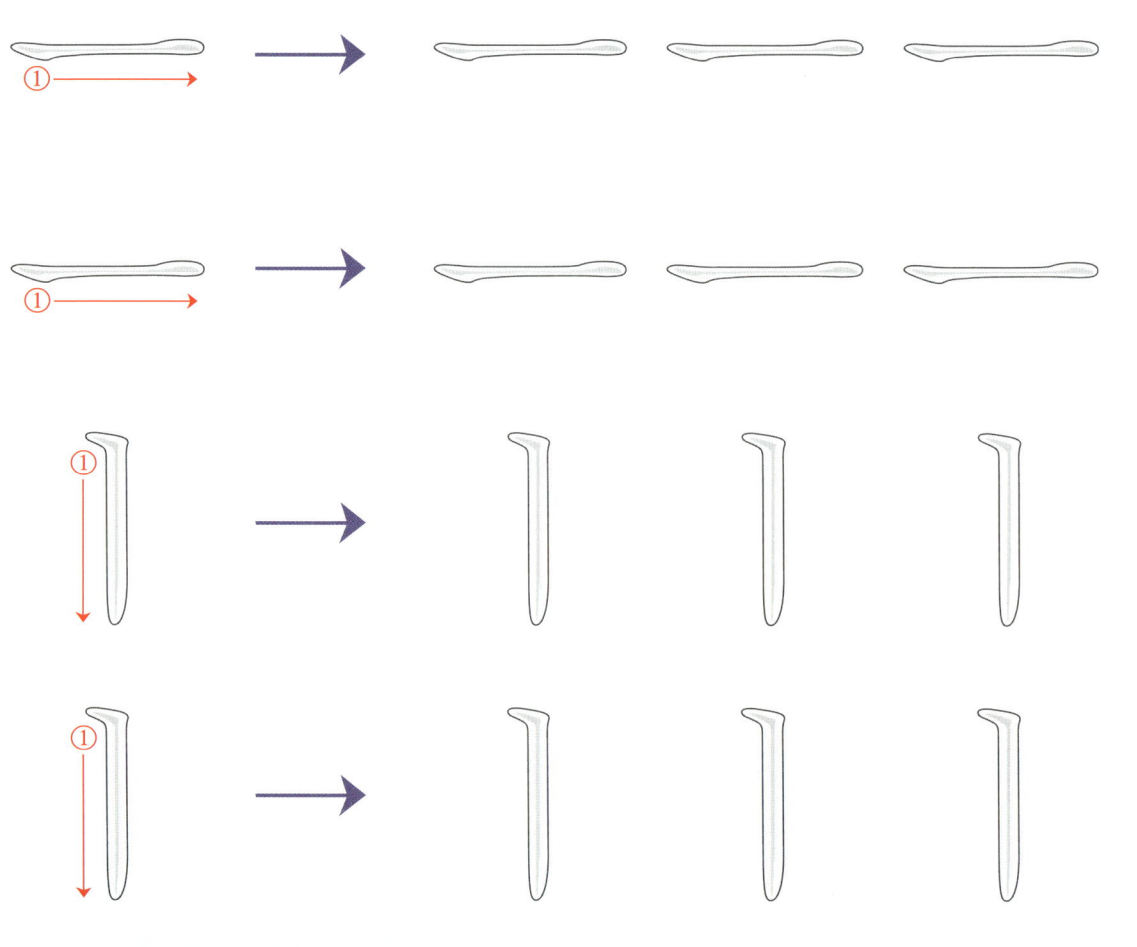

'ㅇ' 없어도 (ㅡㅣ) 으이, 'ㅇ' 있어도 (**으이**) 으이 똑같이 발음할 수 있어요

2-2 이름 = 발음 서로 같은 홀소리

④ 홀소리 순서규칙과 이름 읽고 쓰기

1 홀소리 순서규칙

가볍고 밝은 소리 ← 왼쪽으로 ············· 오른쪽으로 → 무겁고 어두운 소리

✿ 소리 모양 모습을 흉내 내는 말 사용에 좋음

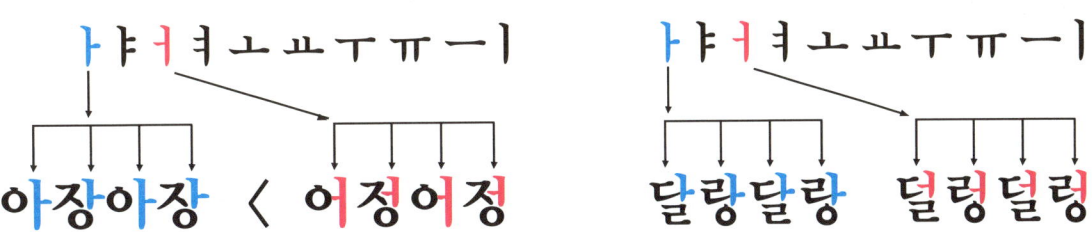

연습 (철썩철썩) 파도 소리 들으며 (쿨쿨) 낮잠을 잤어요.

2 홀소리 이름 읽고 쓰기

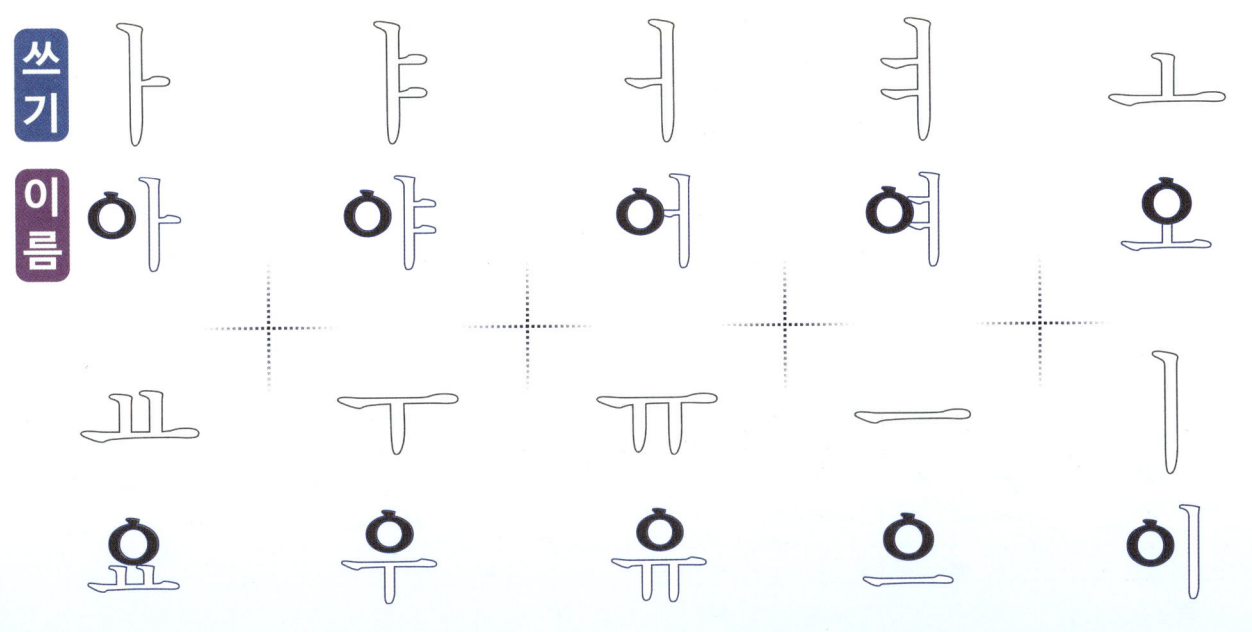

우리글 노래

2-2

닿소리 만든 원리

닿소리는 다섯소리(오성)을 본떠 만듦
① 어금닛소리 ·· (ㄱ ㅋ)
② 혓소리 ·· (ㄴ ㄷ ㄹ ㅌ)
③ 입술소리 ·· (ㅁ ㅂ ㅍ)
④ 잇소리 ·· (ㅅ ㅈ ㅊ)
⑤ 목구멍소리 ·· (ㅇ ㆆ)

맑고 고운 소리 ─┘ └─ 가장 센 거센소리
'ㅎ'은 예사소리지만
속은 가장 센 거센소리

홀소리 만든 원리

홀소리는 3재〈하늘, 땅, 사람〉를 본떠 만듦
① 하늘(·)+사람(ㅣ)=ㅏ ② 하늘(·)+땅(ㅡ)=ㅗ
③ 땅(ㅡ)=평평한 땅모양 ④ 사람(ㅣ)=서 있는 사람 모양
⑤ 하늘+땅+사람

① ② **③ 단계** ④ ⑤ ⑥ ⑦

소릿값 닿소리 특징

개념

닿소리는

이름(ㄱ 소릿값) ≠ 발음(? 소릿값)
ㄱㄴㄷ~ ≠ 발음~?
이름만 있고 왜 발음을 할 수 없을까?

3-1 소릿값 닿소리 개념과 특징   ①쉽고 명확한 소릿값 닿소리의 개념(뜻) 풀이

① 소릿값 → (소리+값) → 소리(값=알아들을 수 있는)
   → 알아들을 수 있는 소리, 소리와 값(가치)을 구분하기
   개발자가 개념(뜻)을 쉽고 명확하게 풀어 처음 사용

② 닿소리 → 홀소리에 닿아 도움을 받아야 알아들을 수 있게 나는 소리
   특징 → 이름(ㄱ기역) ≠ 소릿값(없음) 이름과 소리만 있고
         알아들을 수 있는 값이 없음 개발자가 개념(뜻)을 쉽고 명확하게 풀어 처음 사용

닿소리 특징의 비밀

'ㄱㄴㄷ~'를 ≠ 그느드~'로 발음 할 수
없고 이름뿐 닿소리는 홀소리에 닿아 도움을
받아야 알아들을 수 있게 나는 소리이므로 홀소리
도움 없이 홀로 발음할 수 없지요.
그래서 닿소리를 '그느드~'라고 발음할 수 없습니다.
'ㅡ'의 도움을 받으면 '그느드~'라고
발음할 수 있고요.

만일 닿소리를 '그느드르므브스으즈츠크트프흐'로 발음한다면

❀ 몸) : 므오므 → '몸'자라고 발음할 수 없음
❀ 닫) : 다드 → '닫'자라고 발음할 수 없음

3-2 닿소리 순서규칙과 특성 ① 닿소리 순서규칙과 특성 4개 활용

1 닿소리 순서규칙과 특성

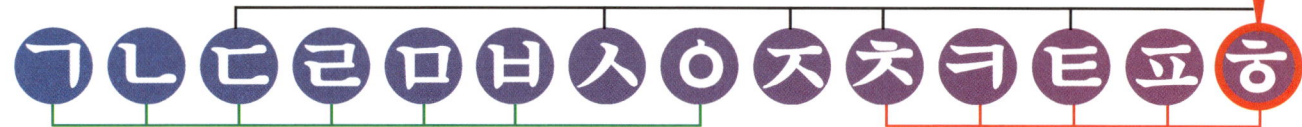

왼쪽에는 맑고 고운 예사소리 ← 순서규칙 → 오른쪽에는 거센소리가 몰려 있음

① 'ㅅㅆㅈㅊㅌㅎ'의 대표음 → ㄷ, 'ㄲㅋ'의 대표음 → ㄱ, 'ㅍ'의 대표음 → ㅂ

② 7개 맑고 고운소리 → ㄱㄴㄷㄹㅁㅂㅇ   된소리 → ㄲㄸㅃㅆㅉ

③ 거센소리 → ㅊㅋㅌㅍㅎ   ④ 가장 센 거센소리 → ㅎ

2 순서규칙과 특성 4개를 끝소리 받침 소릿값 발음규칙에 활용하면 예외 없이 100% 27개 받침이 간단히 7개(7종성)로 발음됨

① 홑받침 쌍받침은 대표음하고 놀아요.

② 겹받침 닿소리 순서 순발음 형님 먼저

③ 겹받침 닿소리 순서 역발음 동생 먼저

④ 거센소리 겹받침 거센 놈하고 안 놀아요.

3-3 이름만 있고 발음 없는 닿소리

① 어금닛소리 이름 읽고 쓰기 ㄱ ㅋ

✿ 노래 부르며 읽고 쓰기

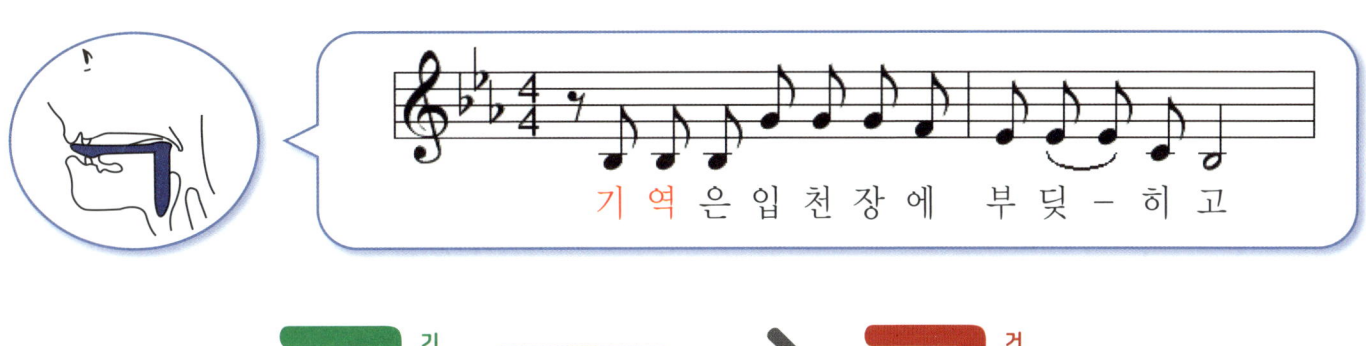

기역은 입천장에 부딪-히고

ㄱ 기본소리 　획 더하기 → ㅋ 거센소리

✿ 특징 : ㄱㅋ (이름) ≠ (발음) ?, 이름만 있을 뿐 발음할 수 없어요

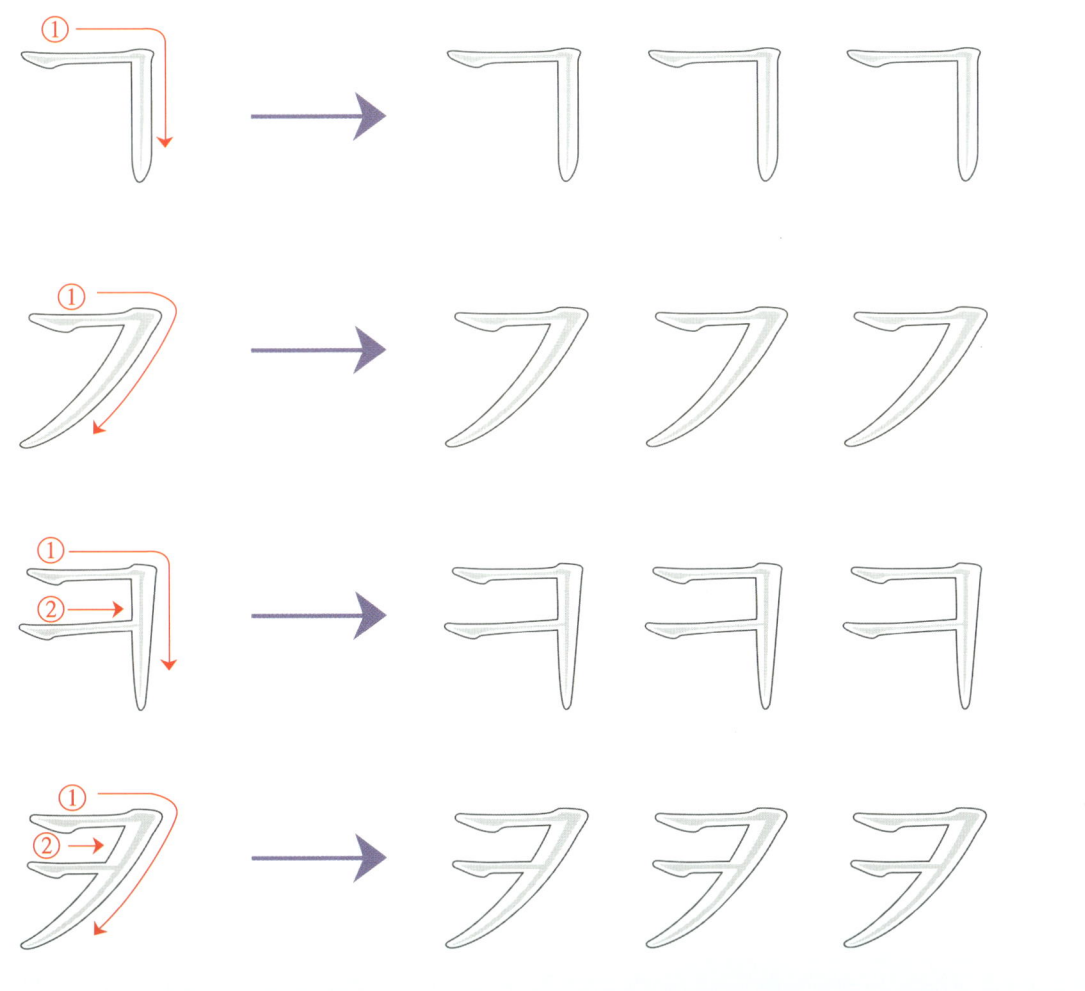

어떻게 하면 발음할 수 있을까? 소릿값 홀소리 닿소리 개념을 활용하면 알지롱!

3-3 이름만 있고 발음 없는 닿소리

② 혓소리 이름 읽고 쓰기 ㄴㄷㄹ E

✿ 노래 부르며 읽고 쓰기

니은은 혀를 타고 사뿐-올라

ㄴ 기본소리 → 획 더하기 → ㄷ ㅌ 거센소리

✿ 특징 : ㄴㄷㄹㅌ (이름) ≠ (발음)?, 이름만 있을 뿐 발음할 수 없어요

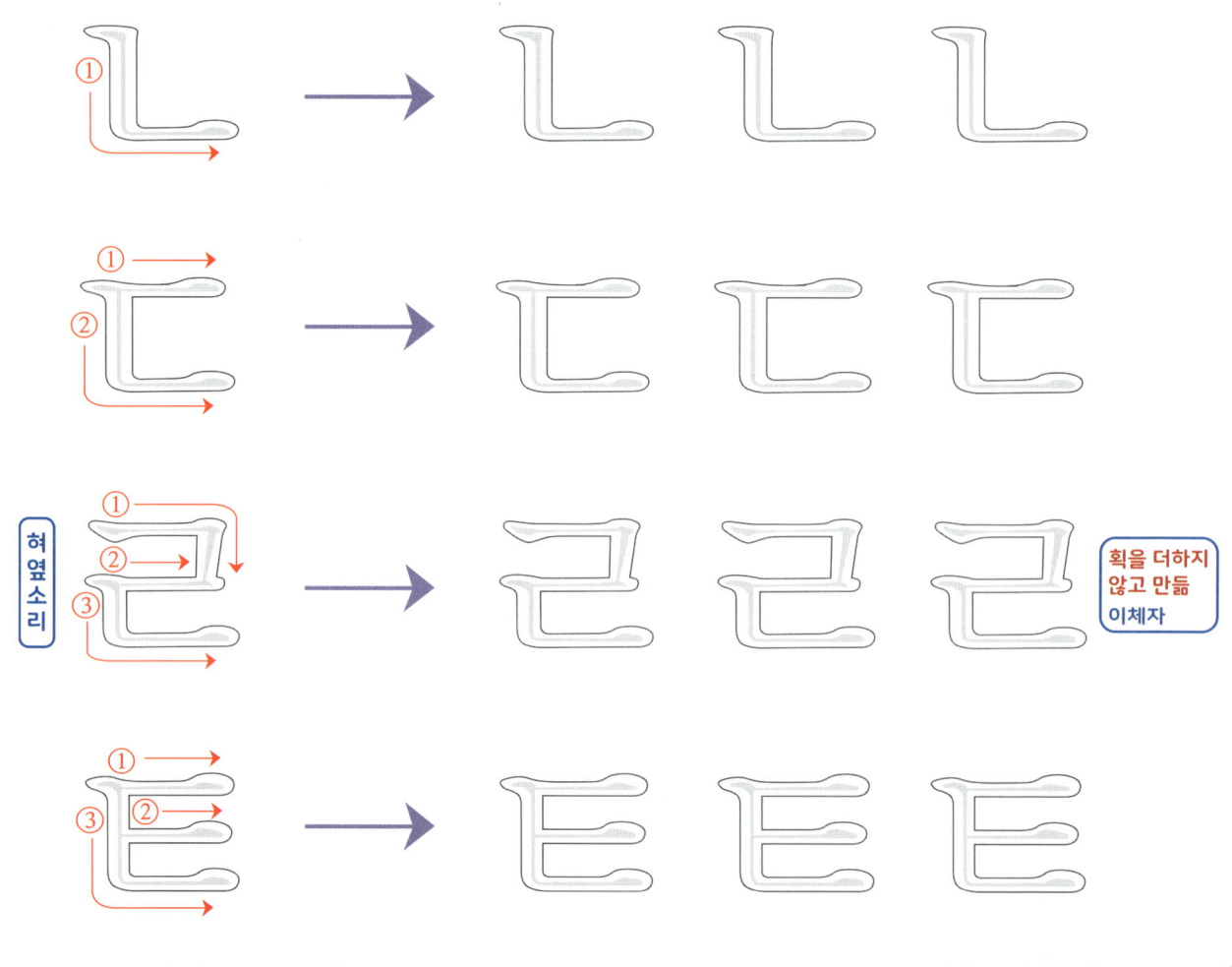

어떻게 하면 발음할 수 있을까? 소릿값 홀소리 닿소리 개념을 활용하면 알지롱!

3-3 이름만 있고 발음 없는 닿소리

③ 입술소리 이름 읽고 쓰기 ㅁ ㅂ ㅍ

✿ 노래 부르며 읽고 쓰기

어여쁜 미음비읍 고운입술에

ㅁ 기본소리 → 획 더하기 → ㅂ ㅍ 거센소리

✿ 특징 : ㅁㅂㅍ(이름) ≠ (발음) ?, 이름만 있을 뿐 발음할 수 없어요

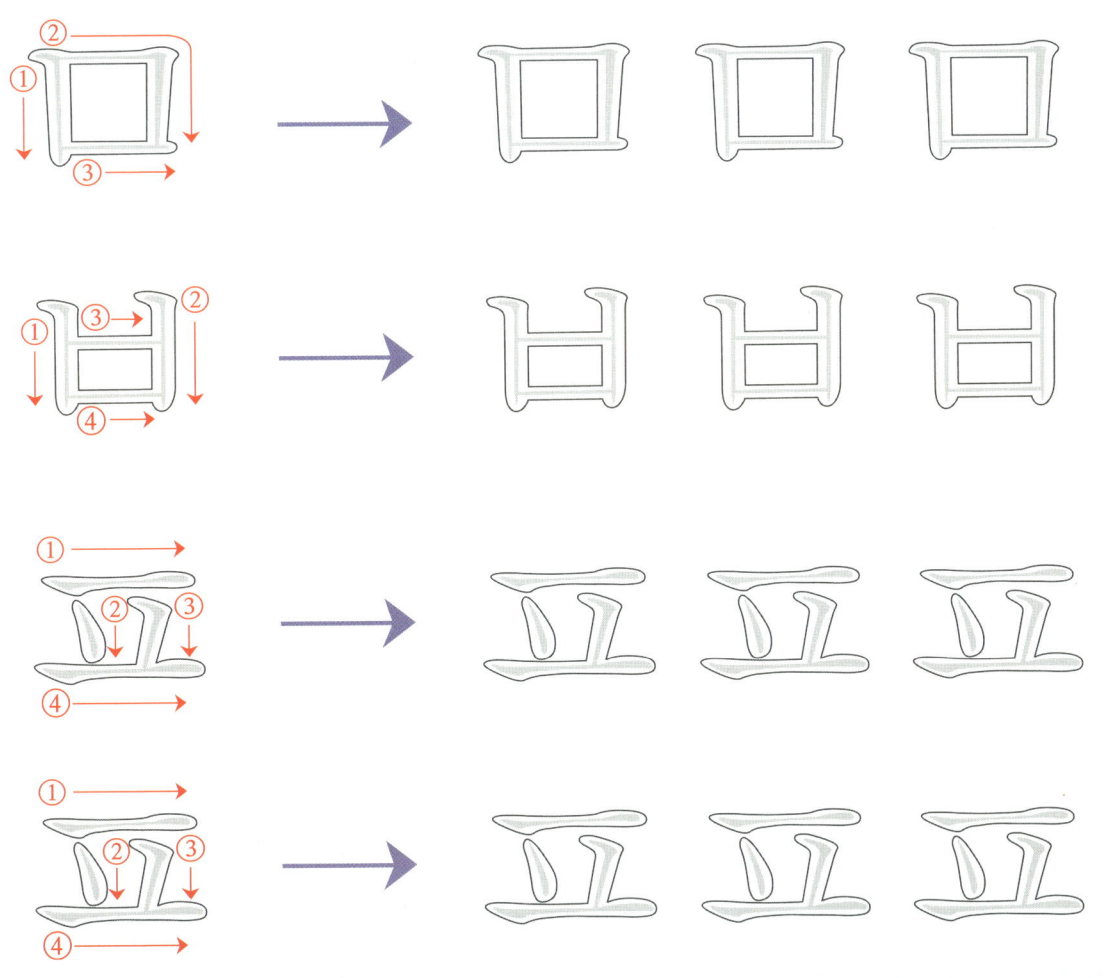

어떻게 하면 발음할 수 있을까? 소릿값 홀소리 닿소리 개념을 활용하면 알지롱!

3-3 이름만 있고 발음 없는 닿소리

④ 잇소리 이름 읽고 쓰기 ㅅㅈ ㅊ

✿ 노래 부르며 읽고 쓰기

✿ 특징 : ㅅㅈㅊ (이름) ≠ (발음) ?, 이름만 있을 뿐 발음할 수 없어요

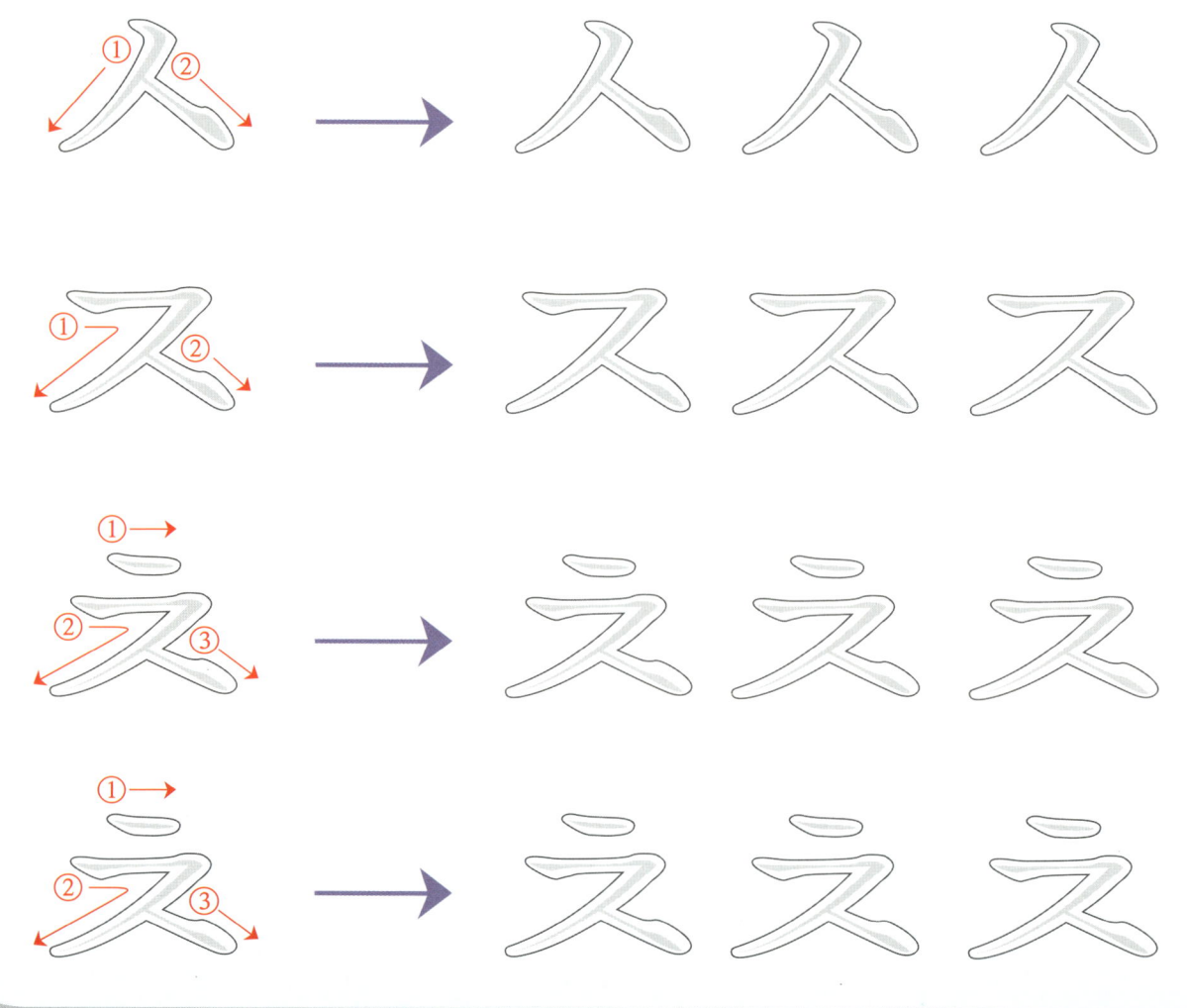

어떻게 하면 발음할 수 있을까? 소릿값 홀소리 닿소리 개념을 활용하면 알지롱!

3-3 이름만 있고 발음 없는 닿소리

⑤ 목구멍소리 이름 읽고 쓰기 ㅇ ㅎ

❁ 노래 부르며 읽고 쓰기

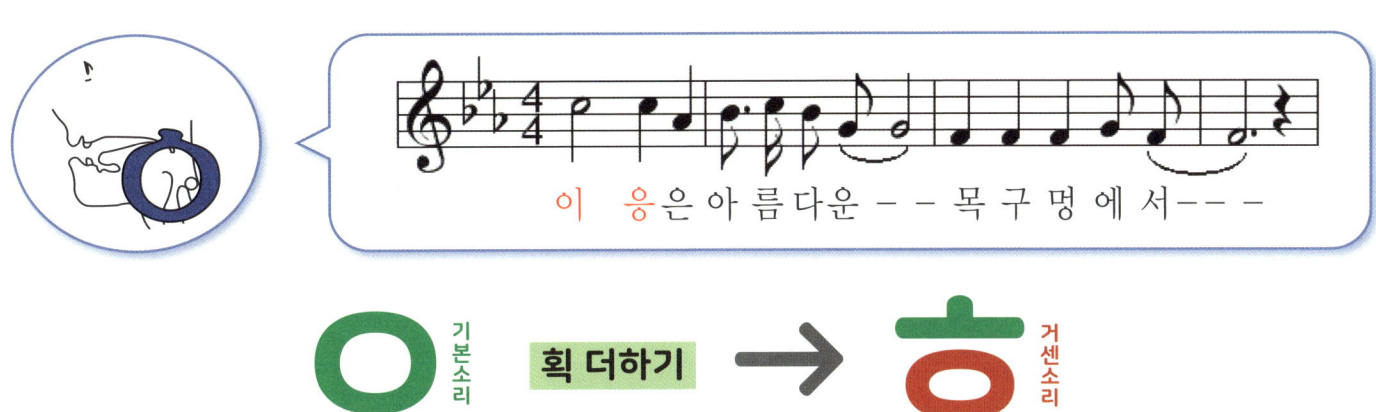

이 응은 아름다운 - - 목구멍에서 - - -

ㅇ 기본소리 → 획 더하기 → ㅎ 거센소리

❁ 특징 : ㅇㅎ(이름) ≠ (발음)?, 이름만 있을 뿐 발음할 수 없어요

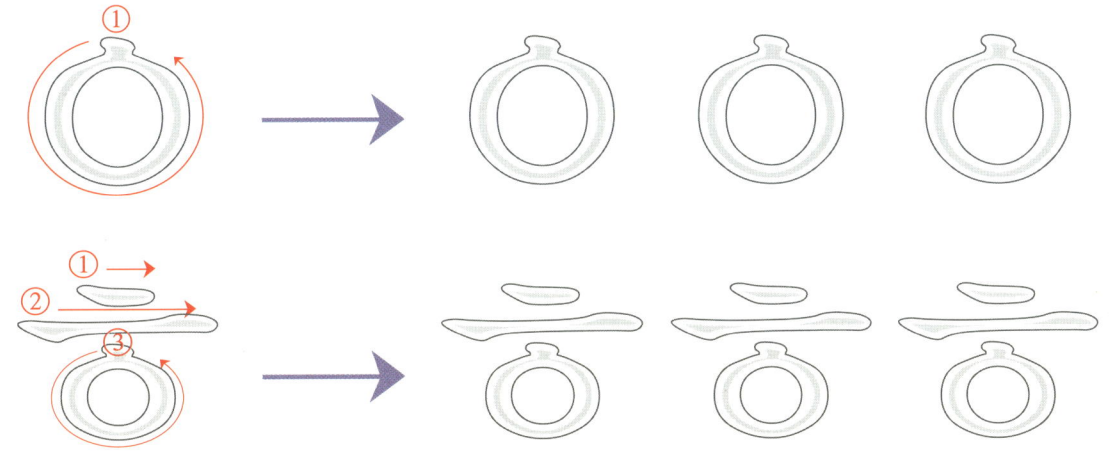

어떻게 하면 발음할 수 있을까? 소릿값 홀소리 닿소리 개념을 활용하면 알지롱!
① 소릿값 → (소리+값) → 소리(값=알아들을 수 있는) → 알아들을 수 있는 소리
② 홀소리 → 도움 없이 홀로도 알아들을 수 있게 나는 소리
③ 닿소리 → 홀소리에 닿아 도움을 받아야 알아들을 수 있게 나는 소리

▶ **홀소리 도움을 받으세요. 그러면 닿소리도 쉽게 발음할 수 있어요.**
  예) ㅎ + ㅏ → ㅎ아 → 하, ㅎ + ㅕ → ㅎ여 → 혀 (4단계에서 배워요!)

3-3 이름만 있고 발음 없는 닿소리

⑥ 닿소리 이름 규칙과 이름 읽고 쓰기

1 닿소리 이름 규칙과 읽고 쓰기

(1) ㄱ(기역) ㄷ(디귿) ㅅ(시옷) 이 세 닿소리는 별도의 이름을 가지고 있다.

(2) ㄴ(니은) ㄹ(리을) ㅁ(미음) ㅂ(비읍) ㅇ(이응) ㅈ(지읒) ㅊ(치읓) ㅋ(키읔) ㅌ(티읕) ㅍ(피읖) ㅎ(히읗)

위의 닿소리 열 한 자들은 이름 첫자는 닿소리(ㄴ,ㄹ,ㅁ…)에 ㅣ(이)만 규칙적으로 붙였고, 이름 둘쨋자는 으에 닿소리(ㄴ,ㄹ,ㅁ…)를 규칙적인 받침으로 했다. 따라서 (1)의 닿소리만 잘 기억하면 편리하다.

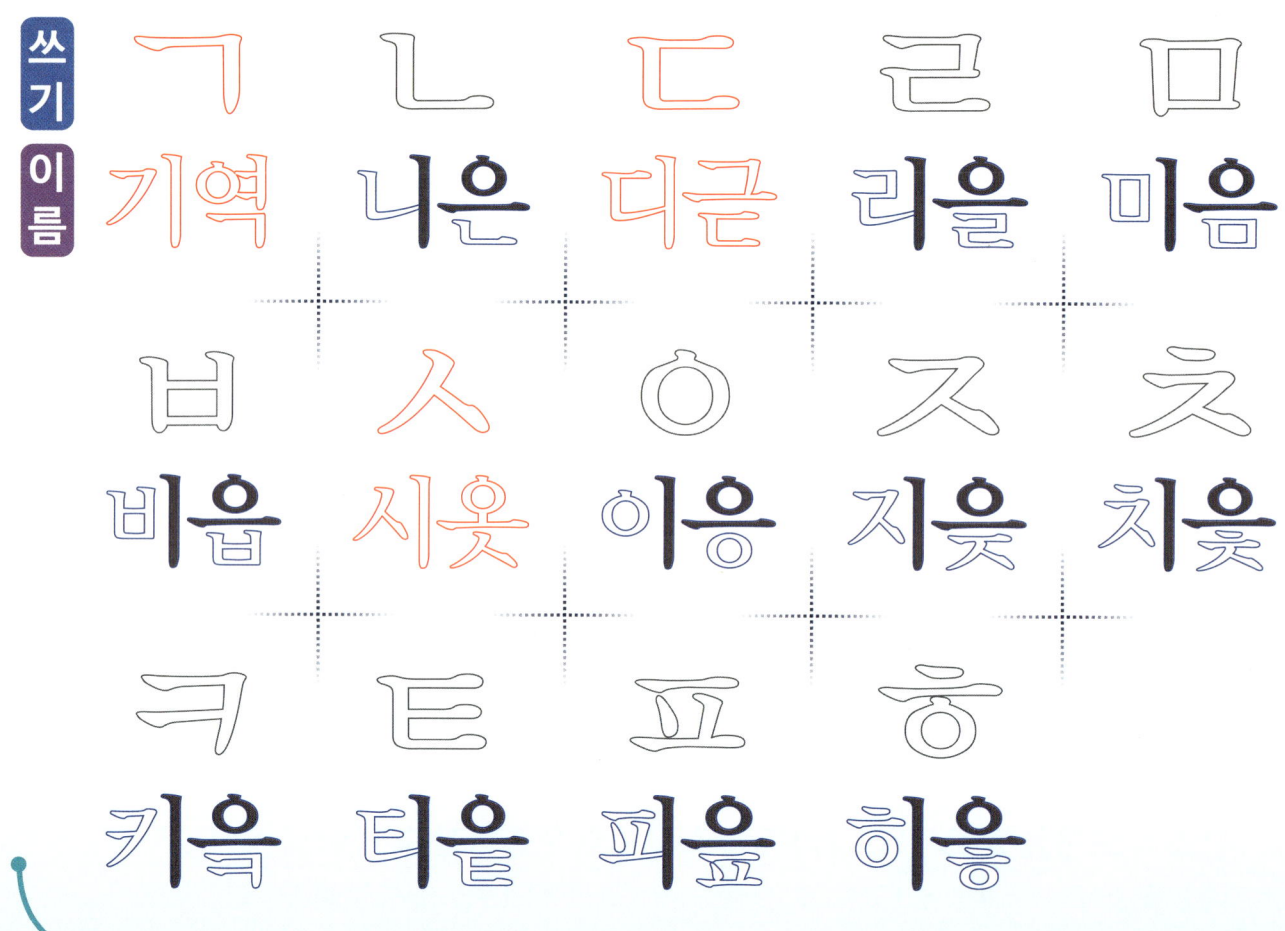

깨침과정

(4단계) (5단계) (6단계)

교사, 학부모용

깨침과정은 규칙 과학 한글 이론과 닿소리 홀소리 만든 원리 그리고 소릿값 닿소리 홀소리의 개념을 적극 활용하여 닿소리와 홀소리를 결합하고 한글을 만들어 알아들을 수 있는 소릿값을 찾아 정확하게 발음하면서, 창의 융합 분석적 사고력과 이해 능력을 최대한 발휘할 수 있도록 배우는 과정입니다.

한글 배움에 첫소리(+가운뎃소리) 소릿값 2가지 발음규칙과 닿소리 순서규칙과 특성을 더하여, 사람 사는 생활이야기로 재밌게 묻고 답하며 끝소리 받침 소릿값 발음규칙을 발견하는 것이 좋습니다.

1 2 3 **4단계** 5 6 7

한글 만든 원리
첫소리
소릿값 2가지
발음규칙

첫소리(+가운뎃소리) 소릿값 2가지 발음규칙

ㄱ + ㅏ → 그아 = 가
하늘 하나 •는 발음 시작 바탕을 ㅡ로 연이어 빨리 발음하기

ㄱ + ㅑ → 기야 = 갸
하늘 둘 ••은 발음 시작 바탕을 ㅣ로 연이어 빨리 발음하기

4-1 첫소리 소릿값 2가지 발음규칙

① 하늘 하나일 때 ㅡ로 발음 시작

모든 글자 발음 중심은 홀소리(가운뎃소리)이며, 홀소리에 하늘과 땅이 맞닿은 낮은 하늘을 말하는 하늘 하나(•)일 때 발음 시작 바탕은 ㅡ(땅)입니다.

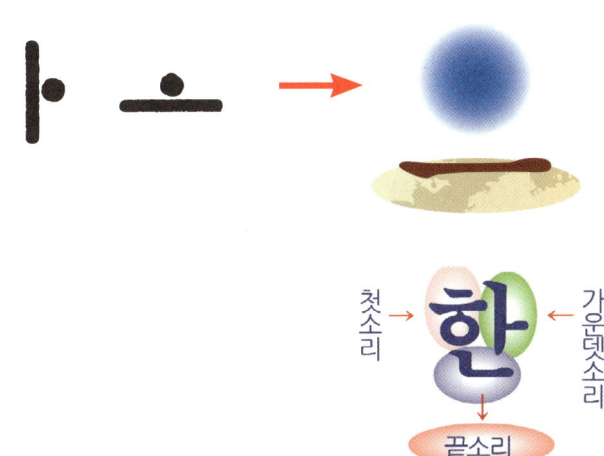

가) ㄱㅡ아 → 가, 달) ㄷㅡ알 → 달

✿ 가운뎃소리 21자 = 홀소리 10자 + 겹홀소리 11자

▶ 하늘 하나 = ㅏㅓㅗㅜㅐㅔㅘㅙㅚㅝㅞㅟ 12개 (초출자)

▶ ㅘ는 왜 하늘 하나인가요? ㅘ = ㅗ + ㅏ 로 분리되므로 하늘 하나로 봅니다.

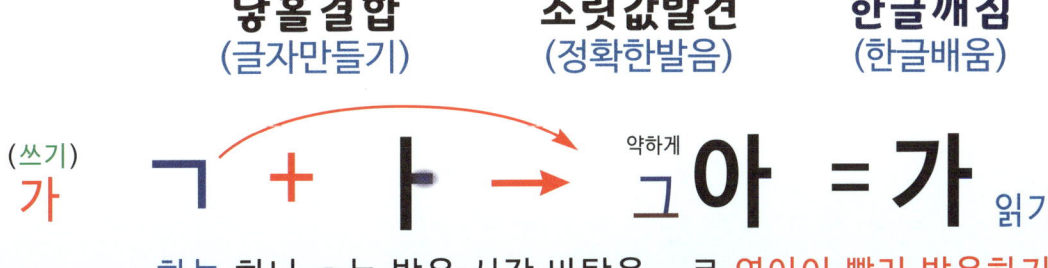

하늘 하나 • 는 발음 시작 바탕을 ㅡ로 연이어 빨리 발음하기

4-1 첫소리 소릿값 2가지 발음규칙

② 하늘 둘일 때 ㅣ로 발음 시작

모든 글자 발음 중심은 홀소리(가운뎃소리)이며, 홀소리에 사람 위에 높은 하늘을 말하는 하늘 둘(‥)일 때 발음 시작 바탕은 ㅣ(사람)입니다.

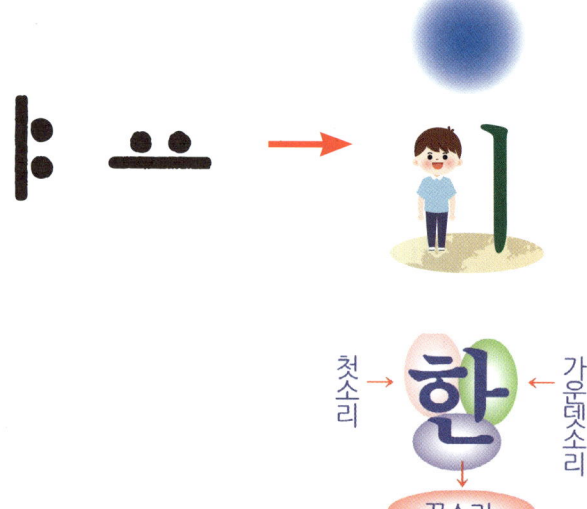

갸) ㄱㅣ야 → 갸   걀) ㄱㅣ알 → 걀

❋ 가운뎃소리 21자 = 홀소리 10자 + 겹홀소리 11자

▶ 하늘 둘(‥) = ㅑㅕㅛㅠㅒㅖ 6개 (재출자)

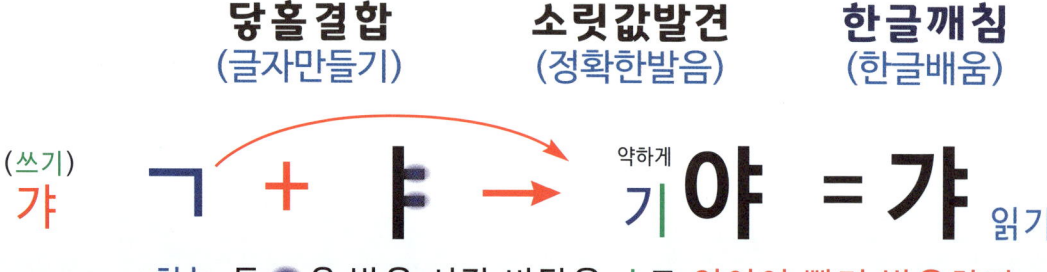

하늘 둘 ‥은 발음 시작 바탕을 ㅣ로 연이어 빨리 발음하기

4-1 첫소리 소릿값 2가지 발음규칙

③ 하늘 없을 땐 기본 ㅡ ㅣ ㅢ 발음 시작

> 하늘 없는 홀소리(가운뎃소리)는 발음 시작 바탕을
> ㅡ ㅣ ㅢ 기본 그대로 발음

예)
❶ 그, 느, 드, 르, 므~
하늘 하나로 된 글자의 발음 시작 바탕 ㅡ로

ㄱ + ㅡ → 그

❷ 기, 니, 디, 리, 미~
하늘 둘로 된 글자의 발음 시작 바탕 ㅣ로

ㄱ + ㅣ → 기

❸ 긔, 늬, 듸, 릐, 믜~처럼 ㅡ와 ㅣ를 결합하여 ㅢ로 발음함
5단계 겹홀소리 '의' 글자 3가지로 발음하며 쓰기 64쪽 참고

만들기 발음 시작 바탕 ㅡ와 ㅣ를 결합하여 겹홀소리(이중모음) 만들기

ㅡ → ㅢ ← ㅣ

발음 ㅡ와 ㅣ를 결합한 겹홀소리는 발음 시작 바탕 그대로 발음합니다.

ㅡ와 ㅣ는 발음 시작 바탕 그대로 발음

ㅡ + ㅣ → ㅢ = 의

최고

"모든 한글 책에서 3가지 오류를 찾아
제거하니, 겹받침까지 일관성 있게 규칙이
100% 적용되어 헷갈리지 않고
규칙 하나를 배우면 100개를 알아요."

4-2 받침 없는 글자 만드는 원리 ①닿소리로 된 첫소리 소릿값 2가지 발음규칙 ㄱ~ㅎ

| 닿홀결합 (글자만들기) 소릿값발견 (정확한발음) 한글깨침 (한글배움) | 말 잇기 읽고 쓰기와 말뜻 풀이 |

하늘 하나 ●는 발음 시작 바탕을 ㅡ로

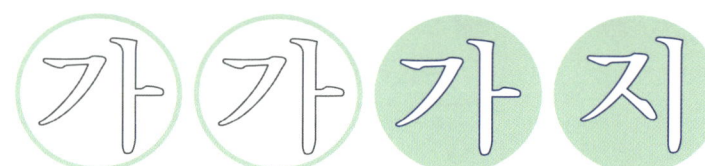
" 가지 – 열매는 식용, 인도가 원산지  "

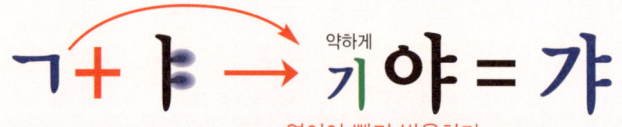
하늘 둘 ●●은 발음 시작 바탕을 ㅣ로

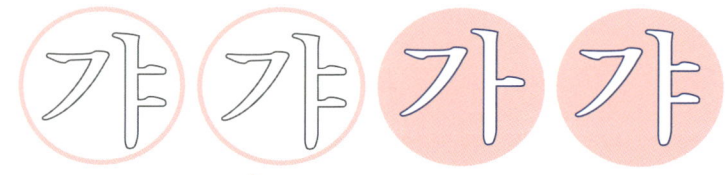
" 가갸 – '한글'을 말함 "

하늘 하나 ●는 발음 시작 바탕을 ㅡ로

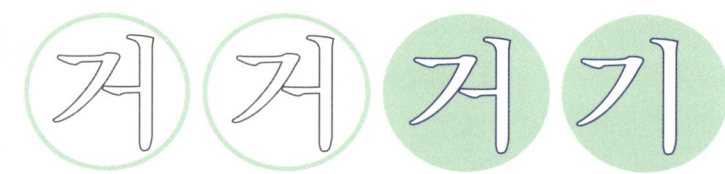
" 거기 – 그 곳 "

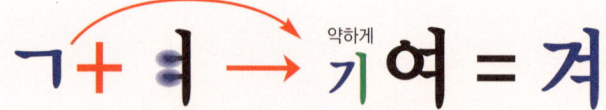
하늘 둘 ●●은 발음 시작 바탕을 ㅣ로

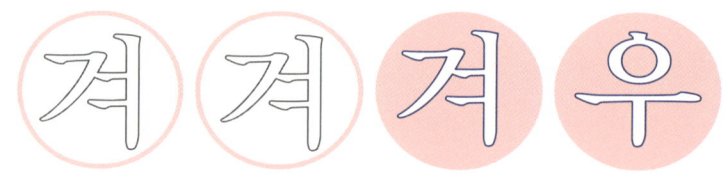
" 겨우 – 기껏해야 고작 "

하늘 하나 ●는 발음 시작 바탕을 ㅡ로

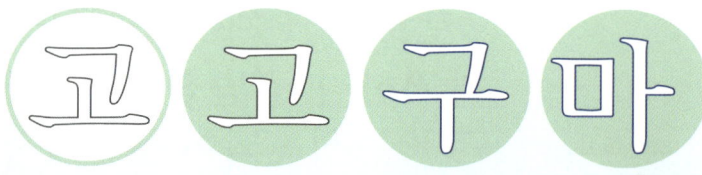
" 고구마 – 처음 일본 대마도에서 들어옴  "

4-2 받침 없는 글자 만드는 원리 ①닿소리로 된 첫소리 소릿값 2가지 발음규칙 ㄱ~ㅎ

| 닿홀결합 (글자만들기) 소릿값발견 (정확한발음) 한글깨침 (한글배움) | 말 잇기 읽고 쓰기와 말뜻 풀이 |

ㄴ + ㅏ → 느아 = 나 (약하게, 연이어 빨리 발음하기)
하늘 하나 ●는 발음 시작 바탕을 ㅡ로

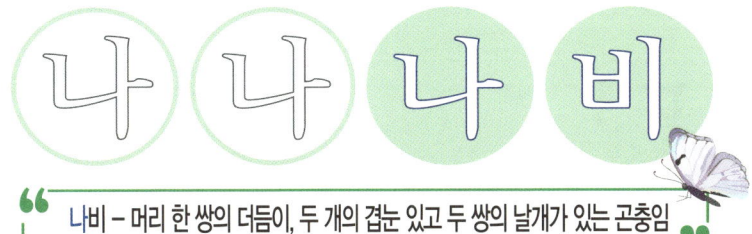
" 나비 – 머리 한 쌍의 더듬이, 두 개의 겹눈 있고 두 쌍의 날개가 있는 곤충임 "

ㄴ + ㅑ → ㄴ야 = 냐 (약하게, 연이어 빨리 발음하기)
하늘 둘 ●●은 발음 시작 바탕을 ㅣ로

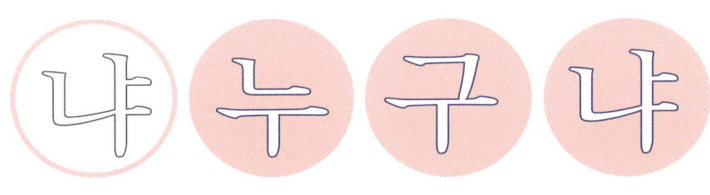
" 누구냐 – 모르는 사람을 물어봄 "

ㄴ + ㅓ → 느어 = 너 (약하게)

너 너 너비
" 너비 – 가로로 건너지른 거리 "

ㄴ + ㅕ → ㄴ여 = 녀 (약하게)

" 수녀 – 독신으로 수도하는 여자 "

ㄴ + ㅗ → 느오 = 노 (약하게)

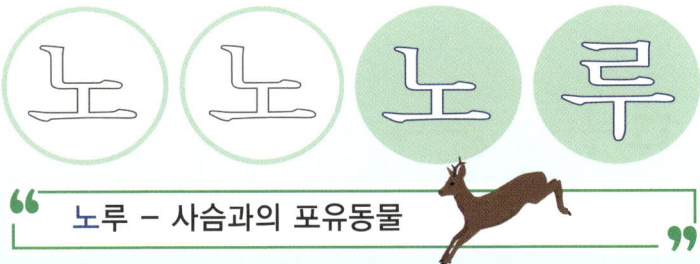
" 노루 – 사슴과의 포유동물 "

4-2 받침 없는 글자 만드는 원리 ①닿소리로 된 첫소리 소릿값 2가지 발음규칙 ㄱ~ㅎ

| 닿홀결합 (글자만들기) 소릿값발견 (정확한발음) 한글깨침 (한글배움) | 말 잇기 읽고 쓰기와 말뜻 풀이 |

하늘 하나 ●는 발음 시작 바탕을 ㅡ로

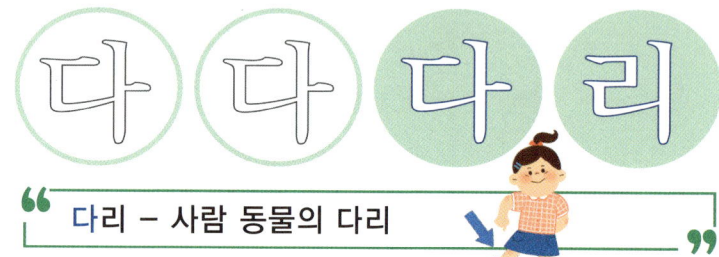
" 다리 – 사람 동물의 다리 "

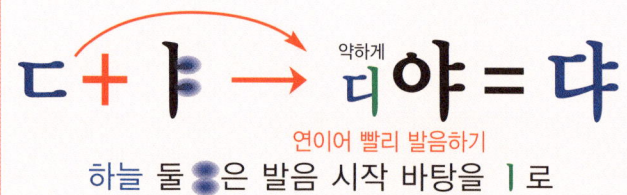
하늘 둘 ●●은 발음 시작 바탕을 ㅣ로

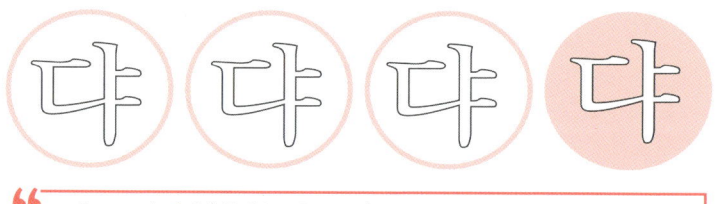
" 왜 그런댜?(충청 사투리) "

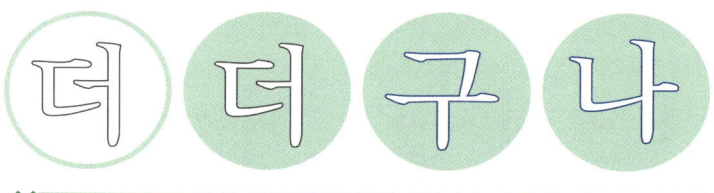
" 비가 오는데 더구나 정전까지 되었다. "

ㄷ + ㅕ → 약하게 ㄷㅕ = 뎌

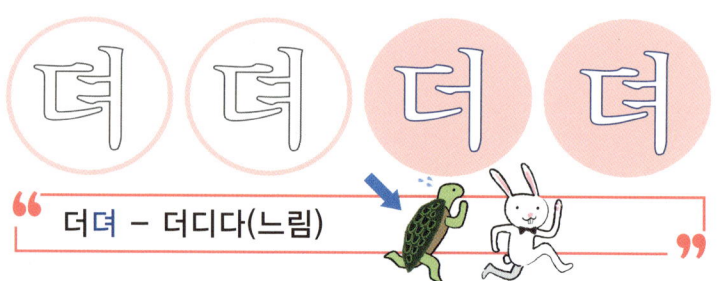
" 더뎌 – 더디다(느림) "

ㄷ + ㅗ → 약하게 ㄷ오 = 도

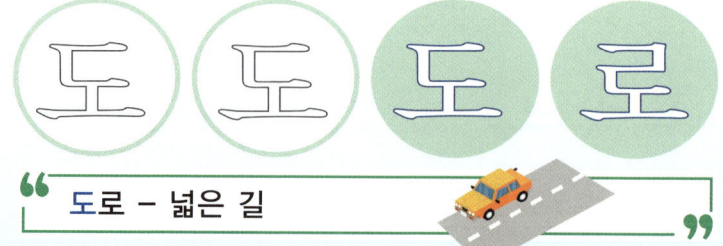
" 도로 – 넓은 길 "

4-2 받침 없는 글자 만드는 원리
①닿소리로 된 첫소리 소릿값 2가지 발음규칙 ㄱ~ㅎ

| 닿홀결합(글자만들기) 소릿값발견(정확한발음) 한글깨침(한글배움) | 말 잇기 읽고 쓰기와 말뜻 풀이 |

하늘 하나 ●는 발음 시작 바탕을 ㅡ로

" 구라 – 거짓말 "

하늘 둘 ●●은 발음 시작 바탕을 ㅣ로

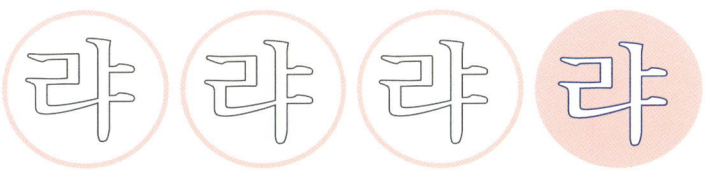

" 잘못한 것이 없는데 무엇이 두려우랴? "

ㄹ + ㅓ → 약하게 ㄹ으어 = 러

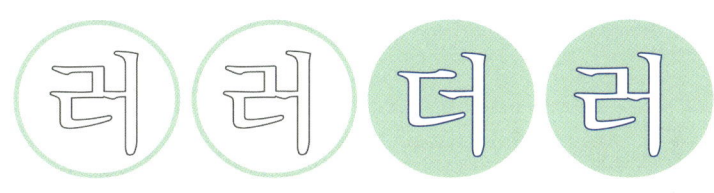

" 더러 – 이따금 드물게 "

ㄹ + ㅕ → 약하게 ㄹ여 = 려

" 사려 – 깊은 생각 "

ㄹ + ㅗ → 약하게 ㄹ오 = 로

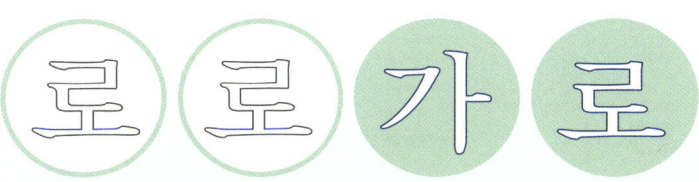

" 가로 – 왼쪽에서 오른쪽 "

4-2 받침 없는 글자 만드는 원리 ①닿소리로 된 첫소리 소릿값 2가지 발음규칙 ㄱ~ㅎ

| 닿홀결합 소릿값발견 한글깨침 | 말 잇기 읽고 쓰기와 말뜻 풀이 |
| (글자만들기) (정확한발음) (한글배움) | |

하늘 하나 ●는 발음 시작 바탕을 ㅡ로

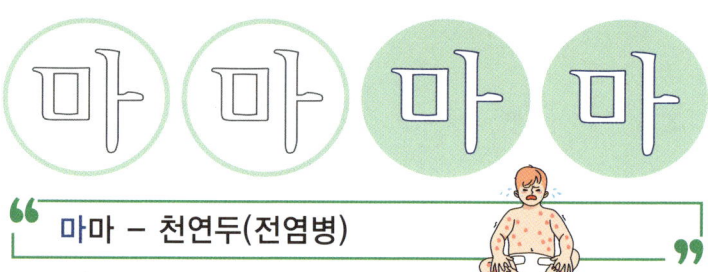

" 마마 – 천연두(전염병) "

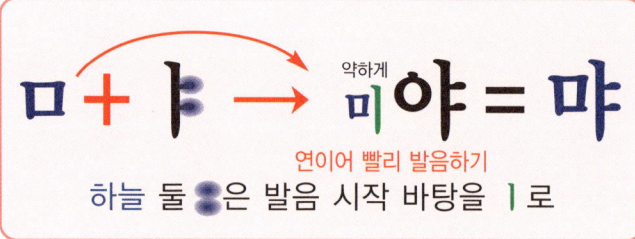

하늘 둘 ●●은 발음 시작 바탕을 ㅣ로

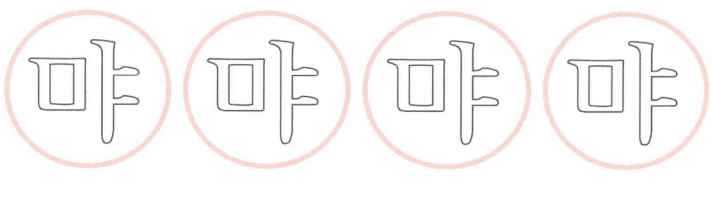

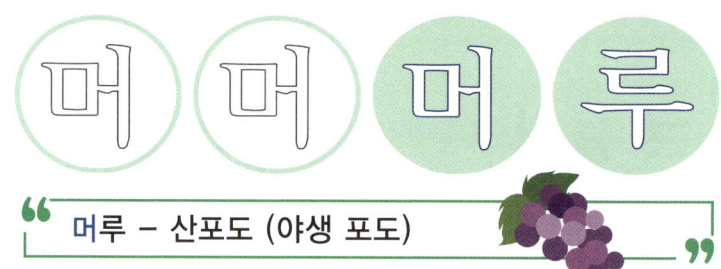

" 머루 – 산포도 (야생 포도) "

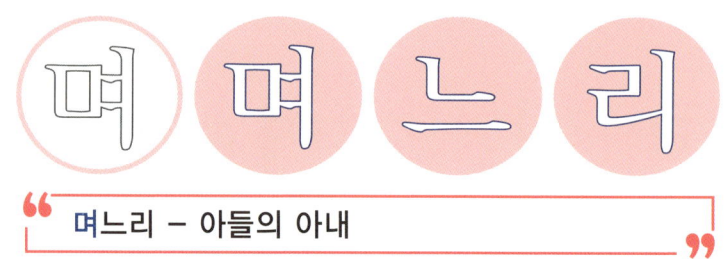

" 며느리 – 아들의 아내 "

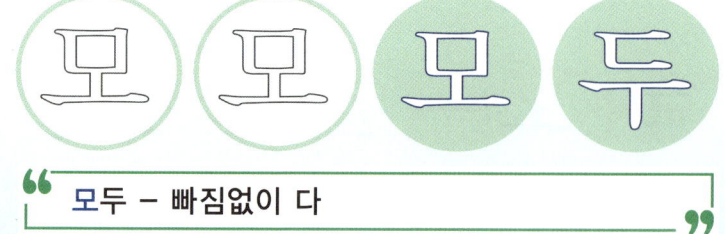

" 모두 – 빠짐없이 다 "

4-2 받침 없는 글자 만드는 원리 ①닿소리로 된 첫소리 소릿값 2가지 발음규칙 ㄱ~ㅎ

| 닿홀결합 (글자만들기) 소릿값발견 (정확한발음) 한글깨침 (한글배움) | 말 잇기 읽고 쓰기와 말뜻 풀이 |

ㅂ + ㅏ → 브아 = 바 (약하게, 연이어 빨리 발음하기)
하늘 하나 ●는 발음 시작 바탕을 ㅡ로

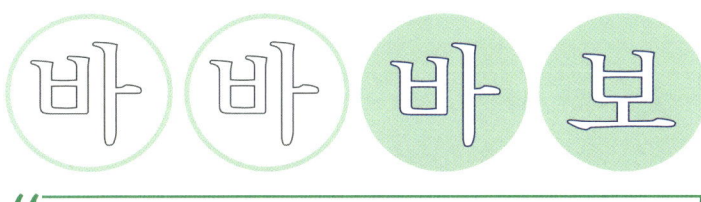

" 바보 - 어리석고 멍청하거나 못난 사람 "

ㅂ + ㅑ → 비야 = 뱌 (약하게, 연이어 빨리 발음하기)
하늘 둘 ●●은 발음 시작 바탕을 ㅣ로

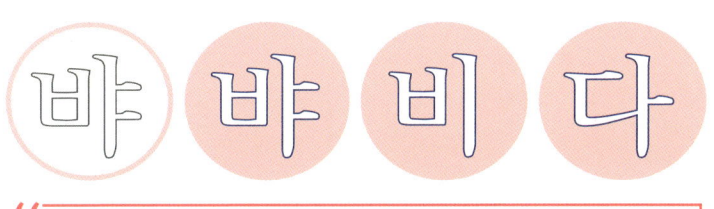

" 뱌비다 - 맞대어 가볍게 문지르다. "

ㅂ + ㅓ → 브어 = 버 (약하게)

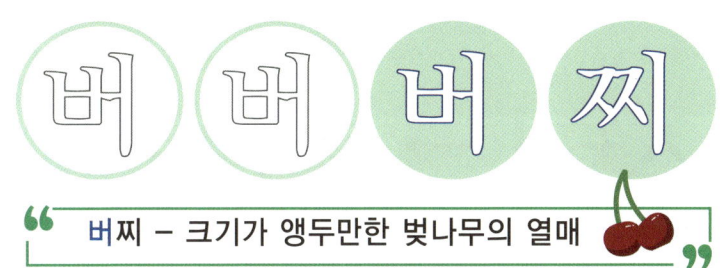

" 버찌 - 크기가 앵두만한 벚나무의 열매 "

ㅂ + ㅕ → 비여 = 벼 (약하게)

" 벼루 - 서예 용구 "

ㅂ + ㅗ → 브오 = 보 (약하게)

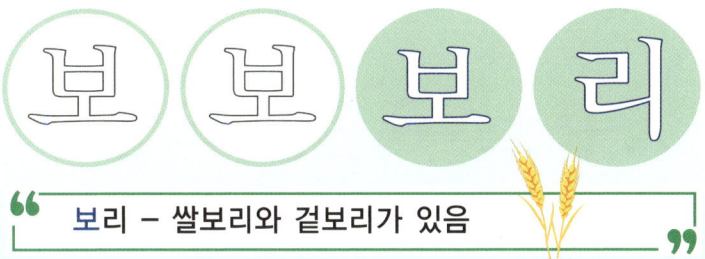

" 보리 - 쌀보리와 겉보리가 있음 "

4-2 받침 없는 글자 만드는 원리
①닿소리로 된 첫소리 소릿값 2가지 발음규칙 ㄱ~ㅎ

| 닿홀결합 (글자만들기) 소릿값발견 (정확한발음) 한글깨침 (한글배움) | 말 잇기 읽고 쓰기와 말뜻 풀이 |

ㅅ + ㅏ → 약하게 스아 = 사
연이어 빨리 발음하기
하늘 하나●는 발음 시작 바탕을 ㅡ로

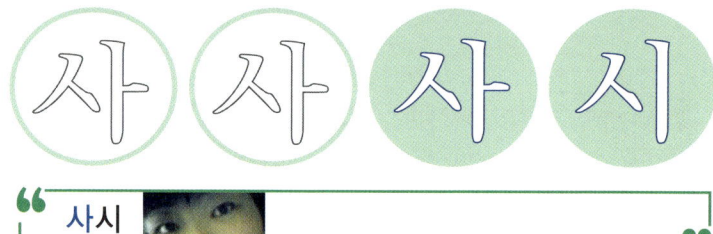

" 사시 "

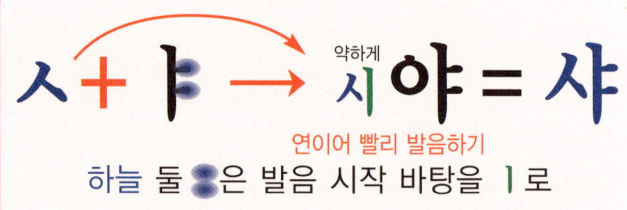

ㅅ + ㅑ → 약하게 시야 = 샤
연이어 빨리 발음하기
하늘 둘●●은 발음 시작 바탕을 ㅣ로

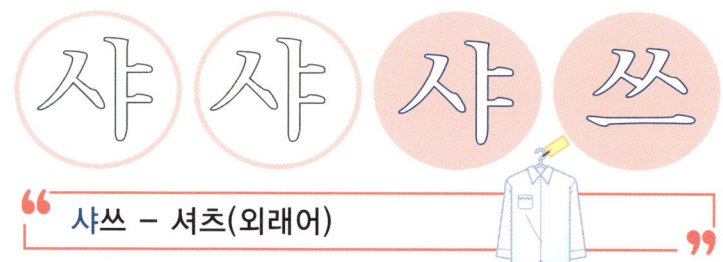

" 샤쓰 - 셔츠(외래어) "

ㅅ + ㅓ → 약하게 스어 = 서

" 서로 - 둘 이상의 대상 사이 "

ㅅ + ㅕ → 약하게 시여 = 셔

" 셔요 - '시어요'의 준말 "

ㅅ + ㅗ → 약하게 스오 = 소

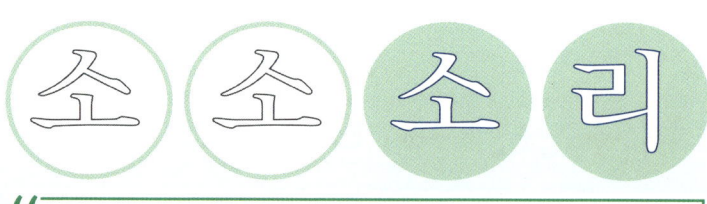

" 소리 - 물체의 진동에 의해 귀청을 울리는 것 "

4-2 받침 없는 글자 만드는 원리 ①닿소리로 된 첫소리 소릿값 2가지 발음규칙 ㄱ~ㅎ

| 닿홀결합 (글자만들기) 소릿값발견 (정확한발음) 한글깨침 (한글배움) | 말 잇기 읽고 쓰기와 말뜻 풀이 |

하늘 둘은 발음 시작 바탕을 ㅣ로

"요녀 – 요사스러운 여자"

하늘 하나는 발음 시작 바탕을 ㅡ로

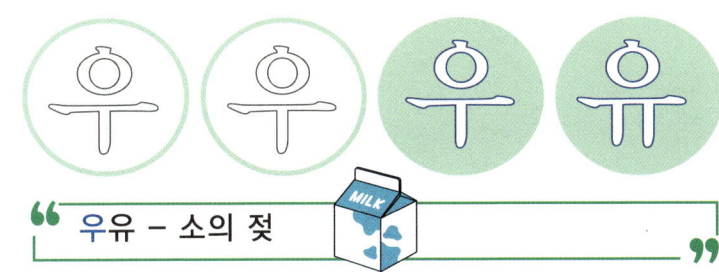

"우유 – 소의 젖"

"유리 – 이익 또는 투명 단단한 물질"

하늘 하나로 된 글자의 발음 시작 바탕 ㅡ로

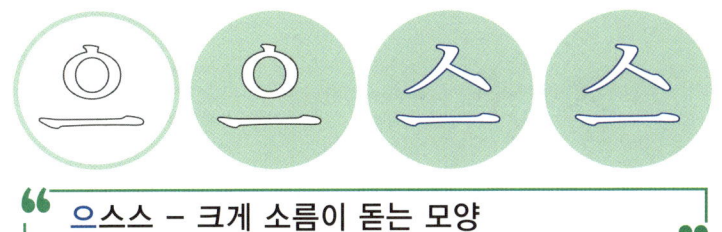

"으스스 – 크게 소름이 돋는 모양"

하늘 둘로 된 글자의 발음 시작 바탕 ㅣ로

"이사 – 사는 곳을 다른 데로 옮김"

4-2 받침 없는 글자 만드는 원리 ①닿소리로 된 첫소리 소릿값 2가지 발음규칙 ㄱ~ㅎ

| 닿홀결합 (글자만들기) 소릿값발견 (정확한발음) 한글깨침 (한글배움) | 말 잇기 읽고 쓰기와 말뜻 풀이 |

ㅈ + ㅛ → 지요 = 죠 (약하게, 연이어 빨리 발음하기)
하늘 둘은 발음 시작 바탕을 ㅣ로

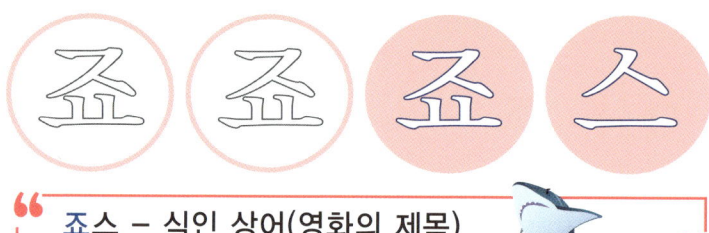
" 죠스 – 식인 상어(영화의 제목) "

ㅈ + ㅜ → 즈우 = 주 (약하게, 연이어 빨리 발음하기)
하늘 하나는 발음 시작 바탕을 ㅡ로

" 주차 – 자동차를 세워 둠 "

ㅈ + ㅠ → 지유 = 쥬 (약하게)

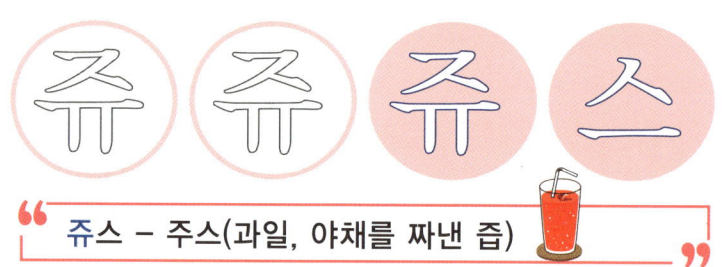
" 쥬스 – 주스(과일, 야채를 짜낸 즙) "

ㅈ + ㅡ → 즈
하늘 하나로 된 글자의 발음 시작 바탕 ㅡ로

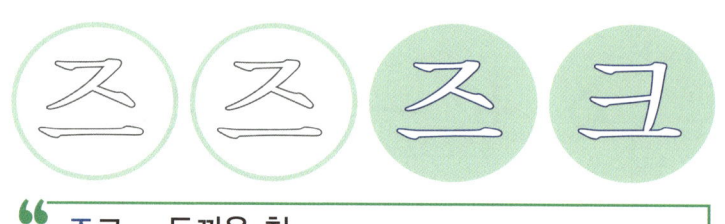
" 즈크 – 두꺼운 천 "

ㅈ + ㅣ → 지
하늘 둘로 된 글자의 발음 시작 바탕 ㅣ로

" 지피다 – 땔나무를 넣고 불을 붙여 타게 하다. "

4-2 받침 없는 글자 만드는 원리 ①닿소리로 된 첫소리 소릿값 2가지 발음규칙 ㄱ~ㅎ

| 닿홀결합 소릿값발견 한글깨침 (글자만들기) (정확한발음) (한글배움) | 말 잇기 읽고 쓰기와 말뜻 풀이 |

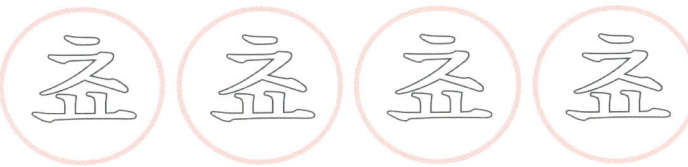

ㅊ + ㅛ → 치ㅛ = 쵸 (약하게, 연이어 빨리 발음하기)
하늘 둘은 발음 시작 바탕을 ㅣ로

ㅊ + ㅜ → 츠ㅜ = 추 (약하게, 연이어 빨리 발음하기)
하늘 하나는 발음 시작 바탕을 ㅡ로

" 추수 - 가을에 익은 곡식을 거두어들임 "

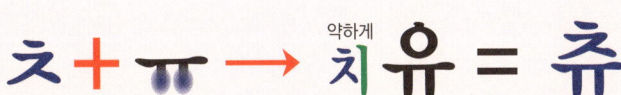

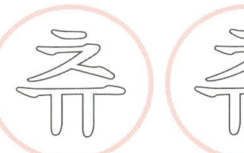

ㅊ + ㅠ → 치ㅠ = 츄 (약하게)

"규칙 과학 한글은 사고력과 이해 능력 키워" 최고

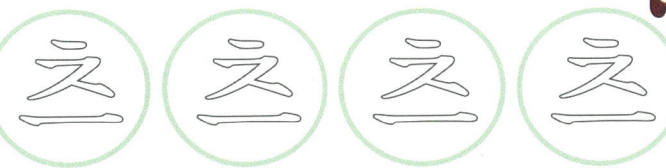

ㅊ + ㅡ → 츠
하늘 하나로 된 글자의 발음 시작 바탕 ㅡ로

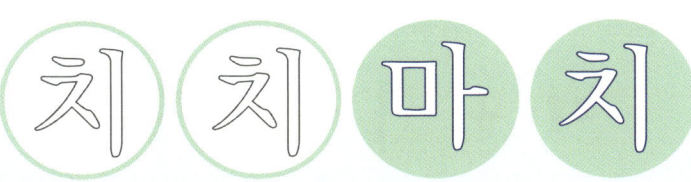

ㅊ + ㅣ → 치
하늘 둘로 된 글자의 발음 시작 바탕 ㅣ로

" 마치 - 거의 비슷하게 "

4-2 받침 없는 글자 만드는 원리 ①닿소리로 된 첫소리 소릿값 2가지 발음규칙 ㄱ~ㅎ

닿홀결합 소릿값발견 한글깨침	말 잇기 읽고 쓰기와 말뜻 풀이
(글자만들기) (정확한발음) (한글배움)	

하늘 둘은 발음 시작 바탕을 ㅣ로

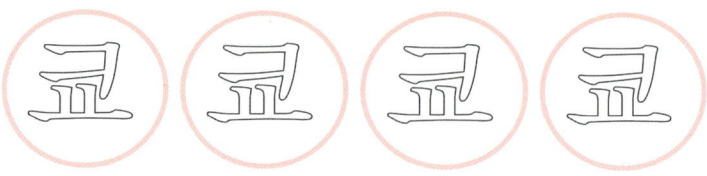

하늘 하나는 발음 시작 바탕을 ㅡ로

"쿠키 – 밀가루로 만든 과자"

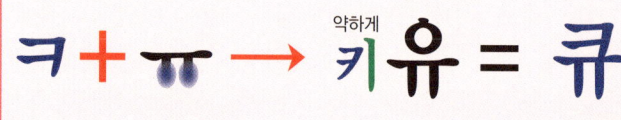

"큐 – 대사, 동작·음악 따위의 시작을 알리는 신호"

하늘 하나로 된 글자의 발음 시작 바탕 ㅡ로

"크기 – 물건의 큰 정도"

하늘 둘로 된 글자의 발음 시작 바탕 ㅣ로

"키다리 – 키가 큰 사람"

4-2 받침 없는 글자 만드는 원리   ①닿소리로 된 첫소리 소릿값 2가지 발음규칙 ㄱ~ㅎ

| 닿홀결합 (글자만들기) 소릿값발견 (정확한발음) 한글깨침 (한글배움) | 말 잇기 읽고 쓰기와 말뜻 풀이 |

ㅌ + ㅛ → 약하게 ㅌㅣ요 = 툐
연이어 빨리 발음하기
하늘 둘은 발음 시작 바탕을 ㅣ로

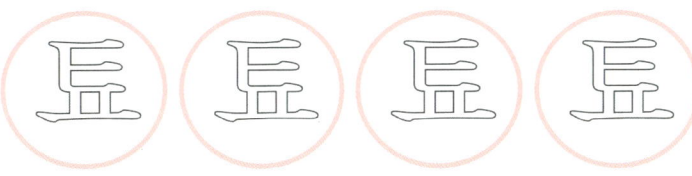

ㅌ + ㅜ → 약하게 ㅌ우 = 투
연이어 빨리 발음하기
하늘 하나는 발음 시작 바탕을 ㅡ로

"투수 – 야구에서 공을 던지는 선수"

ㅌ + ㅠ → 약하게 ㅌㅣ유 = 튜

"튜브 – 자동차, 자전거 등 타이어 속에 공기를 넣는 고무관"

ㅌ + ㅡ → 트

하늘 하나로 된 글자의 발음 시작 바탕 ㅡ로

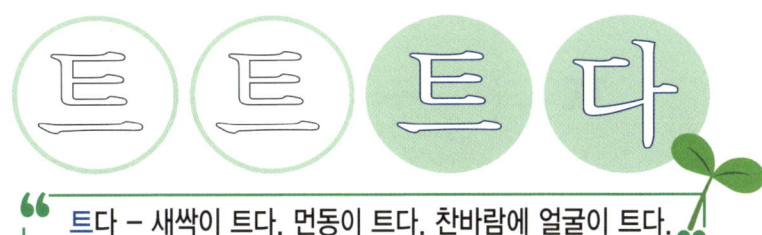

"트다 – 새싹이 트다. 먼동이 트다. 찬바람에 얼굴이 트다."

ㅌ + ㅣ → 티

하늘 둘로 된 글자의 발음 시작 바탕 ㅣ로

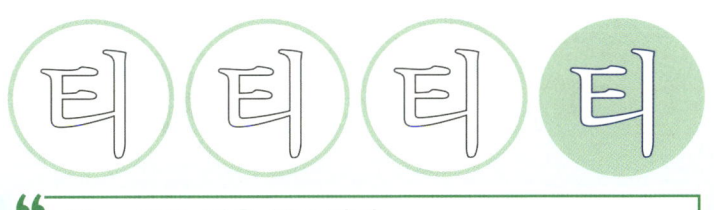

"티 – 아주 작은 부스러기"

4-2 받침 없는 글자 만드는 원리 ①닿소리로 된 첫소리 소릿값 2가지 발음규칙 ㄱ~ㅎ

| 닿홀결합 소릿값발견 한글깨침
(글자만들기) (정확한발음) (한글배움) | 말 잇기 읽고 쓰기와 말뜻 풀이 |

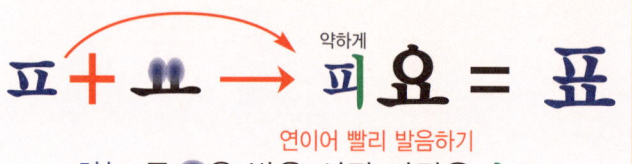
하늘 둘은 발음 시작 바탕을 ㅣ로

" 표고 - 느타리버섯과의 버섯 "

하늘 하나는 발음 시작 바탕을 ㅡ로

" 푸주 - 소나 돼지 따위 짐승을 잡아 고기를 파는 가게 고깃간, 정육점 "

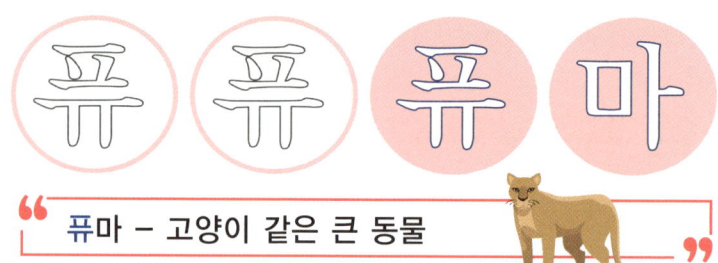
" 퓨마 - 고양이 같은 큰 동물 "

하늘 하나로 된 글자의 발음 시작 바탕 ㅡ로

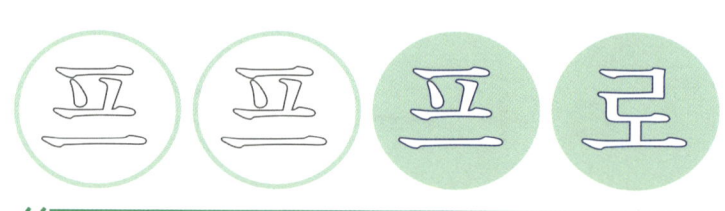
" 프로 - 전문 지식이나 기술을 가진 사람 또는 직업 선수 "

하늘 둘로 된 글자의 발음 시작 바탕 ㅣ로

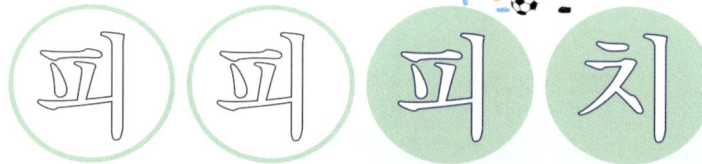
" 피치 - 일의 능률 예) 피치를 올리다. "

4-2 받침 없는 글자 만드는 원리 ①닿소리로 된 첫소리 소릿값 2가지 발음규칙 ㄱ~ㅎ

| 닿홀결합 (글자만들기) 소릿값발견 (정확한발음) 한글깨침 (한글배움) | 말 잇기 읽고 쓰기와 말뜻 풀이 |

하늘 둘은 발음 시작 바탕을 ㅣ로

"효도 – 부모님을 근심 걱정 없이 잘 보살펴 드리는 일"

하늘 하나는 발음 시작 바탕을 ㅡ로

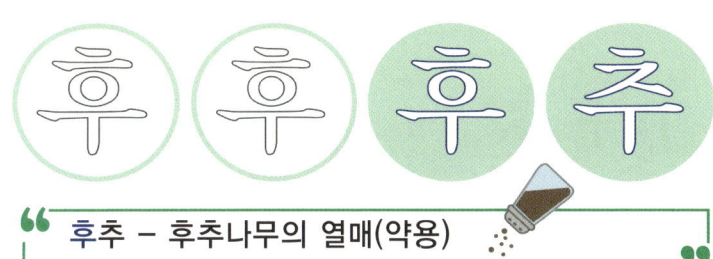

"후추 – 후추나무의 열매(약용)"

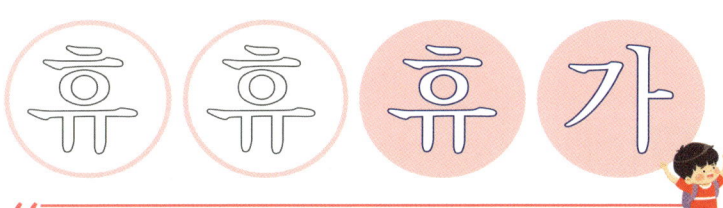

"휴가 – 학교나 직장에서 일정한 기간 동안 쉬는 일"

하늘 하나로 된 글자의 발음 시작 바탕 ㅡ로

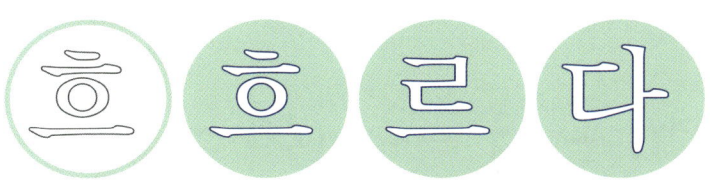

"흐르다 – 시간이 지나가다. 물(액체)이 내려가다."

하늘 둘로 된 글자의 발음 시작 바탕 ㅣ로

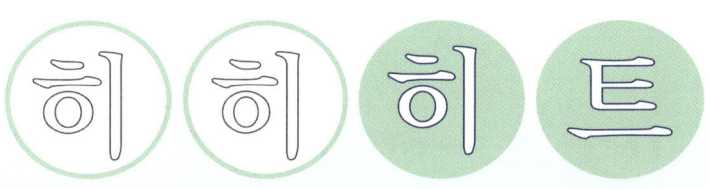

"히트 – 크게 인기를 얻음"

4-2 받침 없는 글자 만드는 원리 ②된소리로 된 첫소리 소릿값 2가지 발음규칙 ㄲ~ㅉ

당홀결합 소릿값발견 한글깨침	말 잇기 읽고 쓰기와 말뜻 풀이
(글자만들기) (정확한발음) (한글배움)	

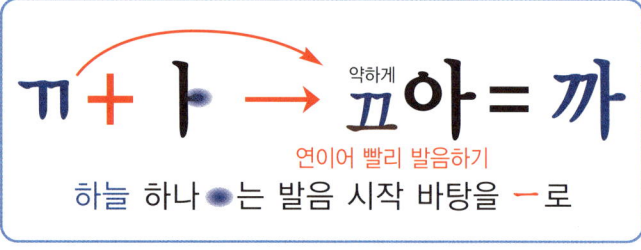

ㄲ + ㅏ → 약하게 꼬아 = 까
연이어 빨리 발음하기
하늘 하나●는 발음 시작 바탕을 ㅡ로

" 까투리 - 암꿩 ↔ 수꿩(장끼) "

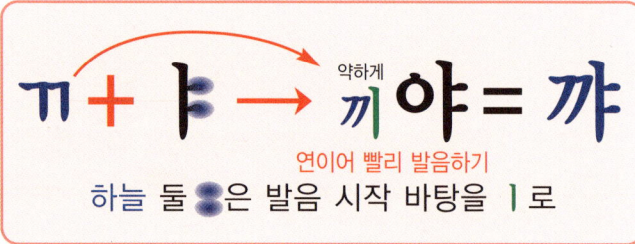

ㄲ + ㅑ → 약하게 끼야 = 꺄
연이어 빨리 발음하기
하늘 둘●●은 발음 시작 바탕을 ㅣ로

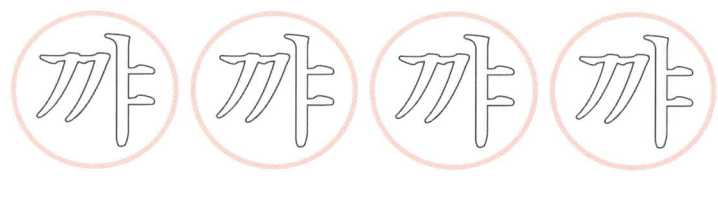

ㄲ + ㅓ → 약하게 꼬어 = 꺼

" 꺼지다 - 목숨이 끊어지다. 사라지다 "

ㄲ + ㅕ → 약하게 끼여 = 껴

" 아껴 - 아끼다(절약하다) "

ㄲ + ㅗ → 약하게 꼬오 = 꼬

" 꼬마 - 어린 아이 "

4-2 받침 없는 글자 만드는 원리 ②된소리로 된 첫소리 소릿값 2가지 발음규칙 ㄲ~ㅉ

| 닿홀결합
(글자만들기) | 소릿값발견
(정확한발음) | 한글깨침
(한글배움) | 말 잇기 읽고 쓰기와 말뜻 풀이 |

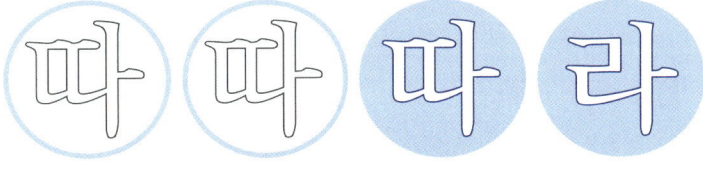

" 따라 – 특별한 이유 없이 공교롭게 "

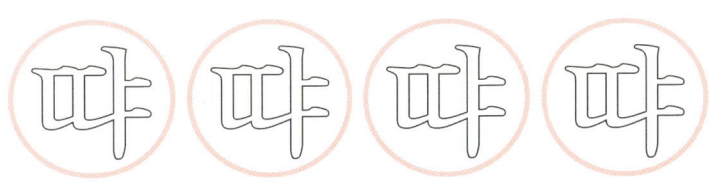

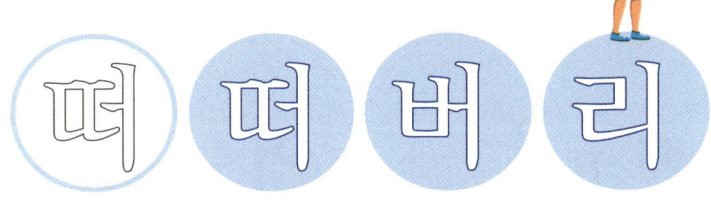

" 떠버리 – 항상 시끄럽게 허풍을 치며 지껄여 대는 사람 "

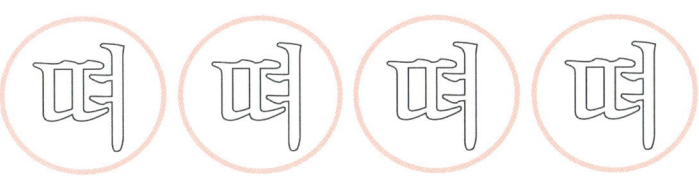

" 또래 – 나이나 수준 정도가 같은 사람 "

4-2 받침 없는 글자 만드는 원리 ②된소리로 된 첫소리 소릿값 2가지 발음규칙 ㄲ~ㅉ

닿홀결합 (글자만들기)　**소릿값발견** (정확한발음)　**한글깨침** (한글배움)

말 잇기 읽고 쓰기와 말뜻 풀이

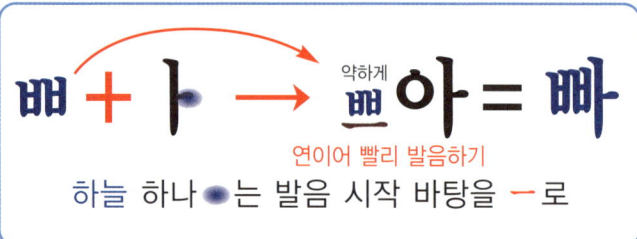

ㅃ + ㅏ → 약하게 ㅃ아 = 빠
연이어 빨리 발음하기
하늘 하나 ●는 발음 시작 바탕을 ㅡ로

" 아빠 - 아버지 "

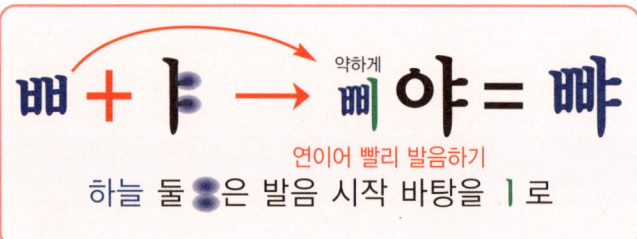

ㅃ + ㅑ → 약하게 ㅃ|야 = 뺘
연이어 빨리 발음하기
하늘 둘 ●●은 발음 시작 바탕을 ㅣ로

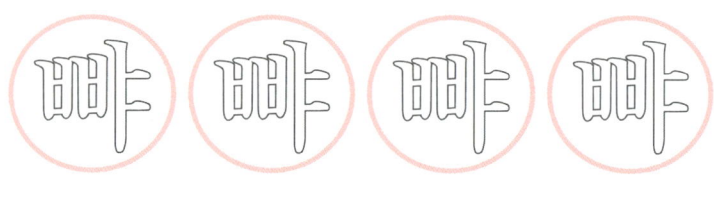

ㅃ + ㅓ → 약하게 ㅃ어 = 뻐

" 뻐기다 - 얄밉게 매우 우쭐거리며 자랑하다 "

ㅃ + ㅕ → 약하게 ㅃ|여 = 뼈

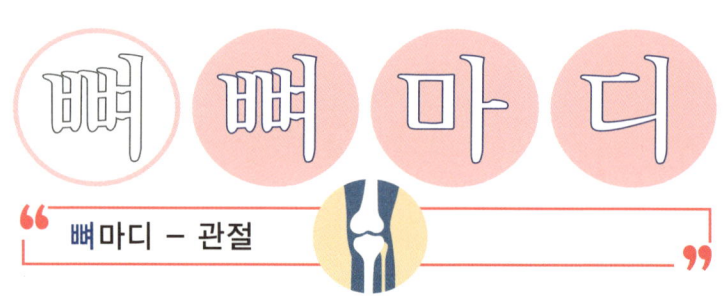

" 뼈마디 - 관절 "

ㅃ + ㅗ → 약하게 ㅃ오 = 뽀

" 뽀뽀 - 볼, 입술에 입맞춤 "

4-2 받침 없는 글자 만드는 원리 ②된소리로 된 첫소리 소릿값 2가지 발음규칙 ㄲ~ㅉ

닿홀결합 (글자만들기)　**소릿값발견** (정확한발음)　**한글깨침** (한글배움)

말 잇기 읽고 쓰기와 말뜻 풀이

ㅆ + ㅛ → 씨요 = 쑈 (약하게)
연이어 빨리 발음하기
하늘 둘은 발음 시작 바탕을 ㅣ로

"규칙 하나 배우면 100개를 알게 돼"　최고

ㅆ + ㅜ → 쓰우 = 쑤 (약하게)
연이어 빨리 발음하기
하늘 하나는 발음 시작 바탕을 ㅡ로

" 쑤다 - 풀이나 죽 따위를 끓여 익히다. "

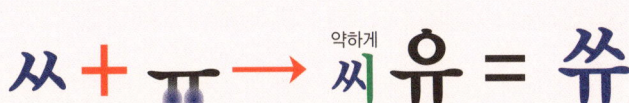

ㅆ + ㅠ → 씨유 = 쓔 (약하게)
하늘 둘로 된 글자의 발음 시작 바탕 ㅣ로

ㅆ + ㅡ → 쓰
하늘 하나로 된 글자의 발음 시작 바탕 ㅡ로

" 맛이 쓰다. 글씨를 쓰다. 모자를 쓰다. 돈을 많이 쓰다. 누명을 쓰다. 꾀를 쓰다. "

ㅆ + ㅣ → 씨

하늘 둘로 된 글자의 발음 시작 바탕 ㅣ로

" 씨 - 식물의 열매 속에 있는 단단한 물질 "

4-2 받침 없는 글자 만드는 원리
②된소리로 된 첫소리 소릿값 2가지 발음규칙 ㄲ~ㅉ

닿홀결합 (글자만들기) **소릿값발견** (정확한발음) **한글깨침** (한글배움)

말 잇기 읽고 쓰기와 말뜻 풀이

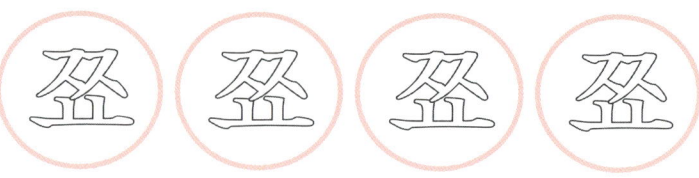

"쭈그리다 – 누르거나 욱여서 부피를 작게 만들다"

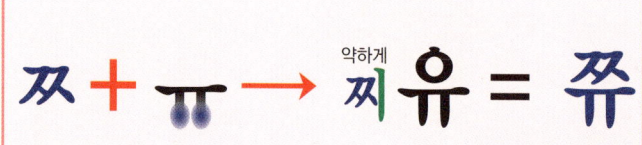

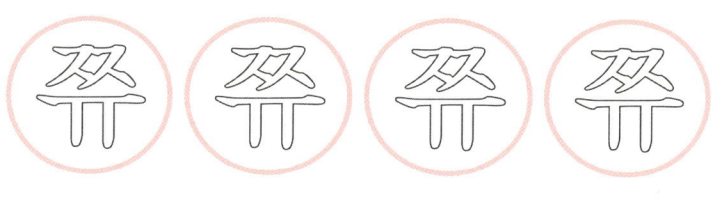

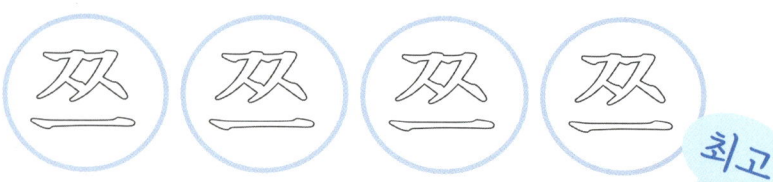

"첫소리(+가운뎃소리) 소릿값 2가지 발음규칙"

"찌기 – 찌다(뽑아내다) 일꾼들은 모판에 붙어 모를 찌기 시작했다"

-2
받침 없는 글자 만드는 원리　　　③ 받침 없는 문장 읽고 쓰기

① 소나무야, 어서어서
　　자라라.

② 나비야, 이리 오너라.

③ 아기 두꺼비가 아빠
　　두꺼비 따라 다녀요.

④ 아버지 고구마 하나
　　더 주셔요.

4-2 받침 없는 글자 만드는 원리

③ 받침 없는 문장 읽고 쓰기

⑤ 수미야, 휴지 가지고 오너라.

⑥ 아주머니, 더 주무시고 가셔요.

⑦ 어머니, 어서 오셔요.

⑧ 코끼리 키가 토끼보다 더 커요.

1 2 3 4 **5단계** 6 7

겹홀소리
소릿값
발음규칙

만들기	본말 ↔ 준말 누 + ㅓ → 눠
나누기	준말 ↔ 본말 눠 → 누 + ㅓ (누어)

5-1 겹홀소리 소릿값 발음규칙

① 겹홀소리 만들기와 발음하며 쓰기

❀ 겹홀소리 발음 시작 → 하늘 하나 으, 하늘 둘 이

▶ ㅐㅒㅔㅖㅘㅙㅚㅝㅞㅟㅢ 11자

만들기 ㅏ + ㅣ → 애	발음 ㅐ + 으애 → 애
만들기 ㅑ + ㅣ → 얘	발음 ㅒ + 이얘 → 얘
만들기 ㅓ + ㅣ → 에	발음 ㅔ + 으에 → 에
만들기 ㅕ + ㅣ → 예	발음 ㅖ + 이예 → 예
만들기 ㅗ + ㅏ → 와	발음 ㅘ + 으와 → 와

세종의 놀라운 창의력 'ㅇ'없으면 닿소리와 글자 만들고, 있으면 첫소리 'ㅇ' 소릿값(발음) 예) 욕 → 이욕('이'로 시작 정확한 발음)

ㅏㅑㅓㅕ ~ = 아야어여 ~ (발음 같음)

5-1 겹홀소리 소릿값 발음규칙
① 겹홀소리 만들기와 발음하며 쓰기

✿ 겹홀소리 발음 시작 → 하늘 하나 으, 하늘 둘 이

▶ ㅐ ㅒ ㅔ ㅖ ㅘ ㅙ ㅚ ㅝ ㅞ ㅟ ㅢ 11자

만들기	ㅗ + ㅐ → ㅙ	발음	ㅙ + ㅇ왜 → 왜
만들기	ㅗ + ㅣ → ㅚ	발음	ㅚ + ㅇ외 → 외
만들기	ㅜ + ㅓ → ㅝ	발음	ㅝ + ㅇ워 → 워
만들기	ㅜ + ㅔ → ㅞ	발음	ㅞ + ㅇ웨 → 웨
만들기	ㅜ + ㅣ → ㅟ	발음	ㅟ + ㅇ위 → 위

| 만들기 | ㅡ + ㅣ → ㅢ | 발음 | ㅢ + 의 → 의 |

5-1 겹홀소리 소릿값 발음규칙   ② 겹홀소리 '의'자 3가지로 발음하며 쓰기

'의' 발음 3가지로

❶ 첫 음절에서는 '의'로 발음

예) 의사 → 의사, 의자 → 의자, 의미 → 의미

❷ 첫 음절도 아니고 도우미(조사)도 아니면 '이'로 발음

예) 민주주의 → 민주주이, 혐의 없음 → 혐이 없음

❸ 말뜻 도우미(조사)일 때는 '에'로 발음

예) 우리의 소원 → 우리에 소원,

민주주의의 → 민주주이에

'의' 발음 문제

❶ 민주주의의 의의 → 민주주이에 의이
❷ 키읔의 → 키읔에 → 키으케

5-1 겹홀소리 소릿값 발음규칙 ③ 본말과 준말 만들기와 읽고 쓰기

❁ 겹홀소리를 자유롭게 만들었다 풀었다 할 줄 알면 본말과 준말은 아주 쉬움

본말 ⟷ 준말

만들기 ㅜ + ㅓ → ㅝ

만들기 ㅜ + ㅣ → ㅟ

만들기 ㅗ + ㅏ → ㅘ

준말 ⟷ 본말

나누기 ㅝ → ㅜ + ㅓ

나누기 ㅟ → ㅜ + ㅣ

나누기 ㅘ → ㅗ + ㅏ

나누기 ㅙ → ㅗ + ㅐ

본말 ⟷ 준말

본말		준말
꼬 아	→	꽈
보 아	→	봐
쏘 아	→	쏴
두 어	→	둬
쑤 어	→	쒀
주 어	→	줘
놓 아	→	놔
괴 어	→	괘
되 어	→	돼
뵈 어	→	봬
쇠 어	→	쇄
쐬 어	→	쐐

5-1 겹홀소리 소릿값 발음규칙

④ 겹홀소리 문장 읽고 쓰기

① 차례로 서서 기다려 주세요.

② 외나무다리에서 돼지와 여우가 싸워요.

③ 매화나무에서 매미가 노래해요.

④ 여의사가 예뻐요.

5-1 겹홀소리 소릿값 발음규칙

④ 겹홀소리 문장 읽고 쓰기

⑤ 더워 나무 아래에서 쉬고 가자 토끼야!

⑥ "뭐가 더워요?" 메뚜기가 그러네요.

⑦ 이리 와서 차례로 누워 계셔요.

⑧ 웨이브 추어 봐요.

1 2 3 4 5 **6** 7
단계

홑·쌍·겹받침
소릿값
발음규칙

한글살이 = 사람살이

① 홑받침 쌍받침은 대표음하고 놀아요.
② 겹받침 닿소리 순서 순발음 형님 먼저
③ 겹받침 닿소리 순서 역발음 동생 먼저
④ 거센소리 겹받침 거센 놈하고 안 놀아요.

6-1 끝소리 받침 소릿값 발음규칙

① 홑받침 쌍받침은 대표음하고 놀아요.

'ㅅ ㅆ ㅈ ㅊ ㅌ ㅎ'의 대표음 → ㄷ,
'ㄲ ㅋ'의 대표음 → ㄱ,   'ㅍ'의 대표음 → ㅂ

쓰기	정확한 발음 (ㅡ, ㅣ)를 약하게 연이어 빨리 발음하기	읽기
낫	ㅅ안 →	낟
낯	ㅈ안 →	낟
낯	ㅊ안 →	낟
났	ㅆ안 →	낟
낱	ㅌ안 →	낟
낳	ㅎ안 →	낟
쌓	ㅆ안 →	싿

쓰기	정확한 발음 (ㅡ, ㅣ)를 약하게 연이어 빨리 발음하기	읽기
앝	ㅌ얃 →	앋
밖	ㅂ악 →	박
깎	ㄲ악 →	깍
묶	ㅁ욱 →	묵
팎	ㅍ악 →	팍
억	ㅇ억 →	억
앞	ㅇ압 →	압

6-1 끝소리 받침 소릿값 발음규칙

② 겹받침 닿소리 순서 순발음 형님 먼저

닿소리 순서 → ㄱ ㄴ ㄷ ㄹ ㅁ ㅂ ㅅ ㅇ ㅈ ㅊ ㅋ ㅌ ㅍ ㅎ

겹받침 11개 중 ㄳ ㄵ ㄶ ㄺ ㄼ ㄽ ㄾ ㅀ ㅄ 9개

쓰기	정확한 발음 (ㅡ, ㅣ)를 약하게 연이어 빨리 발음하기	읽기	쓰기	정확한 발음 (ㅡ, ㅣ)를 약하게 연이어 빨리 발음하기	읽기
몫	ㅁ옥 →	목	삯	ㅅ악 →	삭
앉	ㅇ안 →	안	엱	ㅇ언 →	언
많	ㅁ안 →	만	찮	ㅊ안 →	찬
닭	ㄷ악 →	닥	늙	늑 →	늑
얇	ㅇ얄 →	얄	엷	ㅇ열 →	열
곬	ㄱ올 →	골	옰	ㅇ올 →	올
핥	ㅎ알 →	핡	훑	ㅎ울 →	훌
잃	일 →	일	끊	끌 →	끌
값	ㄱ압 →	갑	없	ㅇ업 →	업

하늘 하나로 된 글자의 발음 바탕 ㅡ
하늘 둘로 된 글자의 발음 바탕 ㅣ
하늘 하나로 된 글자의 발음 바탕 ㅡ

6-1 끝소리 받침 소릿값 발음규칙

③ 겹받침 닿소리 순서 역발음 동생 먼저

닿소리 순서 → ㄱㄴㄷㄹㅁㅂㅅㅇㅈㅊㅋㅌㅍㅎ

닿소리 순서 역발음 동생 먼저는 겹받침 11개 중 단 2개라 간단

겹받침 11개 중 ㄻ ㄿ 2개

쓰기	정확한 발음 (ㅡ, ㅣ)를 약하게 연이어 빨리 발음하기	읽기	쓰기	정확한 발음 (ㅡ, ㅣ)를 약하게 연이어 빨리 발음하기	읽기
닮	ㄷ암 → 담	담	앎	ㅇ암 → 암	암
듦	듬 → 듬	듬	삶	ㅅ암 → 삼	삼
읊	읍 → 읍 ('ㅍ' 대표음 'ㅂ')	읍	굶	ㄱ움 → 굼	굼
품	ㅍ움 → 품	품	얾	ㅇ엄 → 엄	엄
갊	ㄱ암 → 감	감	묾	ㅁ움 → 뭄	뭄
썲	ㅆ엄 → 썸	썸	긺	김 → 김	

하늘 하나로 된 글자의 발음 바탕 ㅡ
하늘 둘로 된 글자의 발음 바탕 ㅣ
하늘 둘로 된 글자의 발음 바탕 ㅣ

6-1 끝소리 받침 소릿값 발음규칙 ④거센소리 겹받침 거센 놈하고 안 놀아요

닿소리 순서 → ㄱㄴㄷㄹㅁㅂㅅㅇㅈㅊㅋㅌㅍㅎ

27개 받침 → 간단히 7개(ㄱㄴㄷㄹㅁㅂㅇ)로
거센소리 겹받침 ㄶ ㄾ ㄿ ㅀ 4개

닿소리 발음
오류와 첫소리
'ㅇ' 소릿값 없음
오류를 완전 제거하면
겹받침까지
예외 없이 규칙이
100% 적용!!!

처음부터 겹받침까지 일관성 있게 예외도 없이 규칙이 100% 적용되어 헷갈리지 않고 규칙 하나를 배우면 100개를 아는 방법, 사고력과 이해력을 키우는 최고의 규칙 과학 한글 배움

정리과정

7 단계

두 글자 발음규칙(음운규칙)
쓰고 ↔ 읽기

교사, 학부모용

깨침과정에서 한글을 정확하게 모두 잘 배웠지만, 2음절 낱말과 문장을 더 매끄럽고 유창하게 읽을 수 있는 배움이 더 필요합니다. 그래서 ㉮이미 배운 1음절 소릿값 발음규칙을 서로 주고받으며 2음절 두 글자에 확인하고 적용한 후, ㉯2음절 음운규칙을 서로 묻고 답하며 배움 안내 를 참고하여 창의적으로 발견하는 것이 좋습니다.

◈ 적용 ① 홑받침 쌍받침은 대표음하고 놀아요.
　　　　② 겹받침 닿소리 순서 순발음 형님 먼저
　　　　③ 겹받침 닿소리 순서 역발음 동생 먼저
　　　　④ 거센소리 겹받침 거센 놈하고 안 놀아요.

1 2 3 4 5 6

7 단계

두 글자
발음규칙
쓰고 ↔ 읽기

ㅓ=어, 발음 같아요.
국어 → 구거
어→ㅓ로 바꾸어 소리이음
(쓰기) 국어 → 구거 (읽기)

7-1 두 글자 발음규칙 ① 소리이음 (연음) 쓰고↔읽기

배움 안내 먼저 6단계 '가장 센 거센소리 ㅎ하고 안 놀아요'를 적용해 보고, 'ㅏ ~ ㄹ 아~'는 발음이 같다. '아어~를 ㅏㅓ~로' 바꿔 소리이음하면 쉽고 편리

쓰기	↔	읽기	쓰기	↔	읽기
국 어	→	구 거	삯 이	→	삭 씨 (삭시→삭씨 ㄱ+ㅅ=ㅆ)
논 에서	→	노 네서	앉 아	→	안 자
받 아	→	바 다	않 아	→	아 나 (거센 놈(ㅎ)하고 안 놀아요.)
일 요일	→	이 료일	닭 이	→	달 기
밤 을	→	바 믈	굶 어	→	굴 머
밥 을	→	바 블	넓 어	→	널 버
웃 음	→	우 슴	외곬 으	→	외 골 쓰 (외곬스→외골쓰 ㄹ+ㅅ=ㅆ)
맞 아	→	마 자	읊 어	→	을 퍼
꽃 으로	→	꼬 츠로	핥 아	→	할 타
곁 을	→	거 틀	잃 으니	→	이 르니
잎 이	→	이 피	없 으니	→	업 쓰 니 (업스니→업쓰니 ㅂ+ㅅ=ㅆ)
길 이	→	기 피	얹 으니	→	언 즈니

7-1 두 글자 발음규칙 ① 소리이음 (연음) 쓰고↔읽기

배움 안내 먼저 6단계 '가장 센 거센소리 ㅎ하고 안 놀아요'를 적용해 보고,
'ㅏ~ = 아~'는 발음이 같다. '아어~를 ㅏㅓ~로' 바꿔 소리이음하면 쉽고 편리

읽기 ↔ 받아쓰기			읽기 ↔ 받아쓰기		
구 거	→	국 어	삭 씨	→	삯 이 (삭시→삭씨 ㄱ+ㅅ=ㅆ)
노 네 서	→		안 자	→	
바 다	→		아 나	→	
이 료 일	→		달 기	→	
바 믈	→		굴 머	→	
바 블	→		널 버	→	
우 슴	→		외 골 쓰	→	(외골스→외골쓰 ㄹ+ㅅ=ㅆ)
마 자	→		을 퍼	→	
꼬 츠 로	→		할 타	→	
거 틀	→		이 르 니	→	
이 피	→		업 쓰 니	→	(업스니→업쓰니 ㅂ+ㅅ=ㅆ)
기 피	→		언 즈 니	→	

7-1 두 글자 발음규칙 ② 된소리되기(경음화) 쓰고↔읽기

배움 안내 먼저 6단계 '대표음'을 적용해 보고,
닿소리와 닿소리가 만나면 된소리가 됩니다. 먹다(ㄱ+ㄷ=ㄸ) → 먹따

쓰기	된소리 과정	읽기	쓰기	대표음 된소리 과정	읽기
받다	→	받 따	웃다	→	욷 따
작다	→	작 따	웃기다	→	욷 끼 다
작고	→	작 꼬	웃지	→	욷 찌
먹고	→	먹 꼬	찾다	→	찯 따
먹구름	→	먹 꾸 름	찾고	→	찯 꼬
떡국	→	떡 꾹	짖지	→	짇 찌
먹지	→	먹 찌	맡다	→	맏 따
확보	→	확 뽀	맡고	→	맏 꼬
산골	→	산 꼴	닭다	→	닥 따
산보	→	산 뽀	있다	→	읻 따
믿다	→	믿 따	밟다	ㄼ 다음에 ㅇ 아닌 닿소리 오면 역발음	밥 따
믿지	→	믿 찌	맑게	ㄺ 다음에 닿소리 ㄱ 오면 역발음	말 께

7-1 두 글자 발음규칙 ② 된소리되기(경음화) 쓰고↔읽기

배움 안내 먼저 6단계 '대표음'을 적용해 보고,
닿소리와 닿소리가 만나면 된소리가 됩니다. 먹다(ㄱ+ㄷ=ㄸ) → 먹따

읽기	↔	받아쓰기	읽기	↔	받아쓰기
받따	→	받다	웃따	→	웃다
작따	→		웃끼다	→	
작꼬	→		웃찌	→	
먹꼬	→		찬따	→	
먹꾸름	→		찬꼬	→	
떡꾹	→		짇찌	→	
먹찌	→		맏따	→	
확뽀	→		맏꼬	→	
산꼴	→		닥따	→	
산뽀	→		읻다	→	
믿따	→		밥따	→	
믿찌	→		말께	→	

7-1 두 글자 발음규칙

③ 콧소리되기(비음화) 쓰고 ↔ 읽기

배움 안내 먼저 6단계 '대표음과 형님 먼저'를 적용해 보고,
대표음ㄱ+ㄴㅁ → 목구멍ㅇ, 대표음ㅂ+ㄴㅁ → 입술ㅁ, 대표음ㄷ+ㄴㅁ → 혀ㄴ으로 콧소리가 남

쓰기	마찰과정	읽기	쓰기	마찰과정	읽기
국+물=ㅇ	→	궁 물	앞 만	→	암 만
녹 말	→	농 말	옆 머리	→	염 머리
목 마	→	몽 마	값 만	→	감 만
닭 는 다	→	당 는 다	없 네	→	엄 네
늙 는 다	→	능 는 다	받+는=ㄴ 다	→	반 는 다
섞 는 다	→	성 는 다	닫 는 다	→	단 는 다
밝 는 다	→	방 는 다	붇 는 다	→	분 는 다
먹 는 다	→	멍 는 다	콧 날	→	콘 날
밥+물=ㅁ	→	밤 물	잣 나 무	→	잔 나 무
입 맛	→	임 맛	바 닷 물	→	바 단 물
십 만	→	심 만	첫 눈	→	천 눈
앞 문	→	암 문	갔 는 가	→	간 는 가

7-1 두 글자 발음규칙

③ 콧소리되기(비음화) 쓰고↔읽기

배움 안내 먼저 6단계 '대표음과 형님 먼저'를 적용해 보고,
대표음ㄱ+ㄴㅁ → 목구멍ㅇ, 대표음ㅂ+ㄴㅁ → 입술ㅁ, 대표음ㄷ+ㄴㅁ → 혀ㄴ으로 콧소리가 남

읽기 ↔ 받아쓰기	읽기 ↔ 받아쓰기
궁 물 → 국 물	암 만 → 앞 만
농 말 →	염 머 리 →
몽 마 →	감 만 →
당 는 다 →	엄 네 →
능 는 다 →	반 는 다 →
성 는 다 →	단 는 다 →
방 는 다 →	분 는 다 →
멍 는 다 →	콘 날 →
밤 물 →	잔 나 무 →
임 만 →	바 단 물 →
심 만 →	천 눈 →
암 문 →	간 는 가 →

7-1 두 글자 발음규칙 ④혀옆소리되기(ㄴ→ㄹ 닮음) 쓰고↔읽기

배움 안내 먼저 6단계 '거센 놈하고 안 놀아요'를 적용해 보고,
혓소리 기본소리 맏형 'ㄴ이 혀옆소리 ㄹ'을 닮아 ㄴ→ㄹ로 소리가 남

쓰기	'ㄴ'이'ㄹ'닮음	읽기	쓰기	'ㄴ'이'ㄹ'닮음	읽기
신라	→	실라	칼날	→	칼랄
난로	→	날로	찰나	→	찰라
천리	→	철리	칠년	→	칠련
난리	→	날리	팔년	→	팔련
온라인	→	올라인	줄넘기	→	줄럼끼
앓는	→	알른	길눈	→	길룬
훑는	→	훌른	핥는 (거센 놈(ㅌ)하고 안 놀아요.)	→	할른

읽기 ↔ 받아쓰기		읽기 ↔ 받아쓰기	
실라	→ 신라	칼랄	→ 칼날
날로	→	찰라	→
철리	→	칠련	→
날리	→	팔련	→

7-1 두 글자 발음규칙

⑤거센소리되기(격음화) 쓰고 ↔ 읽기

배움 안내 거센 놈 ㅎ하고 놀면 어떻게 될까요? 거센 놈이 되지요.
닿소리 'ㄱㄷㅂㅈ은 가장 센 거센소리 ㅎ'과 만나면 거센소리 ㅋㅌㅍㅊ으로 소리 남

쓰기 ↔ 읽기	읽기 ↔ 받아쓰기
국+화=ㅋ → 구콰	구콰 → 국화
막히다 → 마키다	마키다 →
이렇게 → 이러케	이러케 →
그렇게 → 그러케	그러케 →
좋+지=ㅊ → 조치	조치 →
많지 → 만치	만치 →
놓지 → 노치	노치 →
앉히다 → 안치다	안치다 →
많+다=ㅌ → 만타	만타 →
맏형 → 마텽	마텽 →
눕+히=ㅍ다 → 누피다	누피다 →
입학 → 이팍	이팍 →

7-1 두 글자 발음규칙 ⑥ 입천장소리되기(구개음화) 쓰고 ↔ 읽기

배움 안내 거센 놈하고 놀면 어떻게 될까요? 거센 놈이 되지요.
① '이' 앞에 ㄷ은 지, ㅌ은 거센 치로, ② '히' 앞에 ㄷ은 거센 치로 소리 남

쓰기	↔	읽기	쓰기	↔	읽기
굳+이=지	→	구 지	같+이=치	→	가 치
해 돋 이	→	해 도 지	붙 이 다	→	부 치 다
맏 이	→	마 지	쇠 붙 이	→	쇠 부 치
미 닫 이	→	미 다 지	끝 이	→	끄 치
갈 걷 이	→	갈 거 지	솥 이	→	소 치
			논 밭 이	→	논 바 치
			벼 훑 이	→	벼 훌 치
			걷+히=치 다	→	거 치 다
			굳 히 다	→	구 치 다
			닫 히 다	→	다 치 다
			묻 히 다	→	무 치 다

~으로써

① 뜻 : 가지고

- 받침 없거나 ㄹ받침에 =로써
예) 쌀로써 떡을 만든다.
　　나무로써 집을 짓는다.

- 다른 받침에 =으로써
예) 믿음으로써 이겨냈다.

7-1 두 글자 발음규칙 ⑥입천장소리되기(구개음화) 쓰고⟷읽기

배움 안내 거센 놈하고 놀면 어떻게 될까요? 거센 놈이 되지요.
① '이' 앞에 ㄷ은 지, ㅌ은 거센 치로, ② '히' 앞에 ㄷ은 거센 치로 소리 남

읽기	⟷	받아쓰기	읽기	⟷	받아쓰기
구 지	→	굳 이	가 치	→	
해 도 지	→		부 치 다	→	
마 지	→		쇠 부 치	→	
미 다 지	→		끄 치	→	
갈 거 지	→		소 치	→	
			논 바 치	→	
			벼 훌 치	→	
			거 치 다	→	
			구 치 다	→	
			다 치 다	→	
			무 치 다	→	

최고

-1

두 글자 발음규칙   ⑦ 도우미 가/이 는/은 를/을 와/과 사용 방법

1. 받침 없음 →	가	는	를	와
2. 받침 있음 →	이	은	을	과

받침 없을 때 →

해가~	고래는~	구두를~	오이와~
비가~	멸치는~	청소를~	소와~
개미가~	토끼는~	사과를~	가위와~
나무가~	바다는~	편지를~	아빠와~

받침 있을 때 →

빵이~	설탕은~	양말을~	책과~
책이~	하늘은~	수영을~	닭과~
촛불이~	소금은~	돈을~	사진과~
밖이~	거북은~	연필을~	한복과~

❖ 도우미 '가/이 는/은 를/을 와/과'는 윗말에 늘 붙어 도우미 역할을 해야 하므로 붙여 써야 합니다.

예) 하늘은 높고, 바다는 깊다.
예) 토끼는 빠르고, 거북은 느리다.

7-1 두 글자 발음규칙 ⑧ 겹받침 문장 읽고 쓰기

겹받침 (ㄱㅅ ㄴㅈ ㄴㅎ ㄹㄱ ㄹㅁ ㄹㅂ ㄹㅅ ㄹㅌ ㄹㅍ ㄹㅎ ㅂㅅ) 11개

① 수탉이 암탉을 졸졸 따라다닙니다.

② 닭이 소 엉덩이에서 파리를 잡고 있다.

③ 똥개가 아기가 눈 똥을 핥아 먹었다.

④ 쫄쫄 굶은 호랑이!

-1

두 글자 발음규칙

⑧ 겹받침 문장 읽고 쓰기

겹받침 (ㄳ ㄵ ㄶ ㄺ ㄻ ㄼ ㄽ ㄾ ㄿ ㅀ ㅄ) 11개

❺ 밖에서 놀다 오면
이빨을 닦으시오.

❻ 빨랫줄을 끊었더니
짧아 못 쓰겠다.

❼ 내 못은 값이 싼
곰 인형이었다.

❽ 외곬으로 시를 읊다.

꿈꾸는 단풍잎

작시 : 장 덕 진

살랑살랑
가을바람 타고
춤을 추는가 했더니,

나뭇가지마다
햇살 모아
빨갛고 노란 등불을
주렁주렁 밝혀 놓고,

파란 하늘 도화지에
곱고 예쁜 가을을
알록달록 색칠하고,

활짝 핀 웃음을 날리며
살랑살랑 내려앉는다.

나도
가슴속에 그려 봅니다,
곱고 예쁜 그런 가을을.